我教孩子学国学

李 静 著

团结出版社

图书在版编目（CIP）数据

我教孩子学国学 / 李静著. -- 北京：团结出版社，2021.8（2022.3 重印）
ISBN 978-7-5126-8664-9

Ⅰ.①我… Ⅱ.①李… Ⅲ.①国学—少儿读物 Ⅳ.①Z126-49

中国版本图书馆 CIP 数据核字(2021)第 047986 号

出　版：	团结出版社
	（北京市东城区东皇城根南街 84 号　邮编：100006）
电　话：	（010）65228880　65244790　（出版社）
	（010）65238766　85113874　65133603（发行部）
	（010）65133603（邮购）
网　址：	http://www.tjpress.com
E-mail：	zb65244790@vip.163.com
	tjcbsfxb@163.com（发行部邮购）
经　销：	全国新华书店
印　装：	三河市东方印刷有限公司
开　本：	170mm×230mm　　16 开
印　张：	15.75
字　数：	205 千字
版　次：	2021 年 8 月　　第 1 版
印　次：	2022 年 3 月　　第 2 次印刷
书　号：	978-7-5126-8664-9
定　价：	49.00 元

（版权所属，盗版必究）

导 言

在做儿童国学教育的几年里，我遇到过许多家长，也和他们深入交流过。大部分家长有一个共同特征，就是充满焦虑和困惑。他们有些向我咨询怎么能让孩子写出漂亮的作文，有些问我如何培养孩子的阅读能力，有些问我在绘本之后应该让孩子读些什么书，能不能列一个书单，有些就直接说能不能让孩子爱上语文，或爱上学习……

我自己也是一个母亲，特别明白做家长的心情。我们大多是第一次做家长，也没有什么经验，都是"摸着石头过河"，所以就特别需要别人的经验分享。恰好，我自己的专业和工作刚好是和"语文"（"国学"）相关，在养育自己的孩子和带小朋友们读国学典籍的过程中，又积累了一些经验，身边又有一帮"学霸"朋友，便于观察"学霸"的特质并思考养成"学霸"的要素，所以在朋友们的督促下，写成了这本小书。

这是一本写给家长的书，写给那些想把孩子培养成精英的家长的书。如果降低一点标准，我也可以说，这本书的目标读者是那些在孩子的教育上，尤其是在语文教育上，不得其法的家长。语文是一个需要长期积累的科目，我们对孩子语文素养的养成越早开始越好。虽然读书还是需要下一些"笨功夫"才能真正地有所收获，但是一些学习技巧的运用，以及正确书目的选择，仍然能够给家长和孩子带来事半功倍的效果。

一、找到生命中的"定海神针"

我的经验分享从哪里开始呢？从"立其大者"开始。

所谓"立其大者"，各位家长首先要明确的一点是学习"语文"是"学习"的一部分，而"学习"是生命的一部分。"学习"的本质是为了给孩子未来的生活提供其所需的知识和智慧。

我们常常听到家长在批评孩子的时候愤怒地说："让你学习是为了什么？难道是为了我吗？"其实，这个问题应该首先问问我们这些家长，你让孩子学习是为了什么？当然，肯定不应该是为了我们家长。所以，我们要放下自己的虚荣心，不要去盲目地攀比分数，要立足孩子自身来理解这个问题。孩子的学习当然是为了他自己。但是这个"他自己"又是什么呢？是上初中的他，是上高中的他，还是考上了大学的他？如果学习的目的都是这样一个又一个的短期目标，那我告诉您，您的孩子很难培养出对学习本身真正的热爱，即使上了好大学，立刻就会变成"空心病学生"，因为他再也找不到学习的动力了。所以，我们要把孩子当成一个拥有整全生命的人来考量，对于一个至少拥有"七八十年生命的人"来说，他在目前这个阶段，需要学习什么。只有家长拥有这样的"视野"和"格局"，才能更合理地安排孩子们求学阶段的读书与学习，才能跳出"分数焦虑"，才能让孩子理解求知的意义。也只有这样的孩子，才能在学校教育阶段成为真正的"学霸"，在工作后成为具有"终身学习"素养的人。因为，真正的"学霸"都不是逼出来的，都是自我督促、主动学习的人。而且，这样一种"求知"的动力，会成为他们生命中绵绵不断的力量，支撑着他们克服生活中遇到的各种艰难挫折，走向更为广阔的天地。

那么，我们应该如何让孩子理解"学习"的意义呢？

这本书的写作是在 2020 年疫情之中完成的。在那段时间里，我们每天都会接收到许许多多是是非非的消息。这些消息常常互为矛盾，让人迷惑。很多时候，我都觉得自己的大脑不够用了，更遑论得出什么清晰、准确的结论或判断。疫情时期的这个情况有一点类似于我们的生活，似乎是一个我们真实生存状况的浓缩版寓言。在日常生活中，我们也是随时随地身处知识与信息的围攻之中。如果我们自身没有定力，就会像杨花一样，被这些如风的资讯裹挟着，局限在一时一地的因果之中，无法安定下来，更无法窥见生活的真实。所以，我们需要借助于更高的智慧，找到我们生命中的"定海神针"。

那么，什么才能够成为我们生命中的"定海神针"呢？我的答案就是——

"经典"（"Great Books"）

塑造一个人真正的智慧，通常可以依靠两条道路——读书与实践，也就是儒家所讲的"知"和"行"两部分。"行"（实践）的部分大多要等到孩子成年，步入社会，才会成为他们生命的主体部分。而在小朋友的求学阶段，当然以"求知"为主，而"求知"的主要方式还是读书。但是，在信息爆炸的时代，"书"也是汗牛充栋，而且孩子们的课外学习时间越来越宝贵，因此就需要家长为孩子们精挑细选，以达到事半功倍的效果。

《荀子·劝学篇》中有一段大家都非常熟悉的话：

> 吾尝跂而望矣，不如登高之博见也。登高而招，臂非加长也，而见者远；顺风而呼，声非加疾也，而闻者彰。假舆马者，非利足也，而致千里；假舟楫者，非能水也，而绝江河。君子生非异也，善假于物也。

好一句"君子生非异也,善假于物也"!君子不是有什么特殊于常人的地方,而是善于借助外物。我认为,在孩子成长的过程中,最需要借助的外物就是——"经典"!

1. "古典"也是"经典"

每当我给出这个答案的时候,很多朋友和家长都会立刻问一个问题——让一个生活在现代社会中的孩子学习这些过去的东西,还有意义吗?这就是我们今天要解决的首要问题——这些人类历史上伟大的著作,为什么对今天的我们仍然还有意义。

"经典(Great Books)"虽然是用"古代"的文字书写记录下来的,"诞生"于"古代",但这并不意味着书中所讨论的问题仅仅是其写作时代的特殊问题。这些书之所以能够经过几百年乃至上千年的淘洗,仍然具有无限的思想魅力,是因为他们(这里请允许我使用"他们"而不是"它们")以一种无与伦比的、清晰的洞察力指出了人类需要永恒面对的问题,并展现了人类历史上最具智慧的头脑与最具品德的心灵对这些问题的思考!马基雅维利说过:"对古代人的研究之所以有价值,乃因他们是人的模范,模仿他们之努力之所以不至于落空,盖因人性是亘古不变的。"

举个例子,虽然我们今天有声光电化,有iPhone,但是我们人类一些最基本的渴求,最深切的

《礼记》49篇,为西汉礼学家戴圣所编,收录了孔子弟子、门人及其后学论述先秦礼制的文章,对秦汉以前的典章制度、名物以及各种社会礼俗进行了记述和讨论,是一部重要的儒家经典

关涉，比如我们都希望夫妻恩爱、父慈子孝、朋友有义，都希望政治清明、社会和谐，这和古人有什么本质的区别吗？所以《礼记·大传》里早就讲过：

> 立权度量，考文章，改正朔，易服色，殊徽号，异器械，别衣服，此其所得与民变革者也。其不可得变革者则有矣：亲亲也，尊尊也，长长也，男女有别，此其不可得与民变革者也。

这句话的意思是说，权量法度、服饰徽号，可以随世事而变，今天10两为一斤，古代一斤16两，等等。但是人类社会的基本秩序和伦常——以亲者为亲，以尊者为尊，以长者为长，男女有别，却是从未曾改变过的。

如果我们陷入一种"现代人的妄自尊大"，则不免一叶障目。现代文明提供给我们的经济发展与科技进步，只是为我们提供了可以实现美好生活的外在图景，但这并不等于美好生活本身。对于何谓美好生活，以及如何获得美好生活，也许我们还得借助于古人的智慧，并真实地投入生活中去验证、去调整。

2. 孩子没有时间读"烂书"

许多家长对孩子的教育投入从学前阶段就已经开始。幼儿的教育相对简单，认认字、读读诗、看看绘本、讲讲睡前故事似乎就差不多了。但是过了这个阶段，很多家长就不知道在绘本之后孩子到底应该从哪里开始他们真正的"阅读"。每次讲座之后的提问环节，都会有家长让我给他们列个书单。所以，这本书其实就是我给大家开列的大书单。我会根据自己多年的教育实践，和家长们聊聊孩子应该读什么书，以及怎么读的问题。

我为什么会强调孩子上小学之后，家长应该尽量让孩子阅读经典呢？首先一个考虑，就是孩子的时间太珍贵了。我当然不提倡在养育孩子的过程中，家长的心里充满焦虑。但是这并不意味着，我们家长不应该合理地安排孩子的业余时间。我之所以有这样的认识，是因为我的孩子上三年级的时候，她的语文老师竟然布置了一大套四本的《×××家训》。因为要完成老师的作业，我的孩子不得不放下当时正在家里读的《鲁滨逊漂流记》。《×××家训》由一个又一个的立志小短文组成，水平和《小熊维尼》的系列故事差不多。对于这样的阅读作业，我和宝宝都很无奈。因为如果想阅读完那一大套书的话，就会挤占孩子阅读其他书籍的时间。那个时候我意识到，孩子的业余时间是多么珍贵，真没有时间读不那么好的书。

我们可以简单地来算一算，我们的孩子入学之后，除了睡觉吃饭，在家里的活动时间每天不会超过4个小时。在这4个小时里，孩子要完成学校的作业，要应付数学、语文、英语，以及部分孩子需要练琴的时间、运动的时间以及玩耍的时间，留给"阅读"的时间是非常少的。周末以及寒暑假稍好一点，但是还有旅游以及各种辅导班挤占时间。虽说从孩子上小学一年级到他们上大学之间有12年，但是真正算下来，可以留给他们自由阅读的时间其实是非常有限的。可是，经典有多少呢？中国的经史子集，外国的文史哲，科学、艺术的经典有多少呢？我随随便便就可以列出100本以上的中外经典。所以说，孩子的这些宝贵的阅读时间拿来去阅读"经典"尚且不够用，哪里还能"浪费"在那些二、三流的书籍里呢！

也许有的家长会说，让孩子上了大学再去读这些经典吧。那您就错了！在这里，我以一个"双一流"大学老师的身份负责任地告诉大家，大学之前有没有真正读过"经典"，读过多少"经典"，有没有有效阅读、有效思考，在孩子们提交大学的第一次读书报告的时候就能够很轻易地分辨出来。很多时候我都在感叹，许多孩子到了18岁才交到我们手上，实在是太晚了。因为很多孩子的心灵已经封闭了！这也是为什么这几年我开始致力于儿童教育的主要原因。

徐复观先生曾写过一篇文章《绝不读第二流以下的书》。他在文章一开头就提到："但我现在知道，不彻底读通并读熟几部大部头的古典，仅靠泛观博览，在学问上是不会立下根基的。这即是我在回忆中所得的经验教训。"徐复观先生虽然是就学问立言，但是以我个人的教育经验看，能否培养出一个有思考力、有洞察力、有判断力、有修养的孩子，与是否读过真正的好书，是否"彻底读通并读熟几部大部头的古典"是密切相关的。认真阅读过经典，一本一本地放在心里，才能真正养成孩子们一种文化上的自信与人格上的谦逊，才会给孩子带来真正的成长。而这一点是只有真正读过书的家长才能理解的。北大博雅学院的院长李猛老师曾经说过一句话：读书的吊诡之处就在于，你没读过书永远不会知道读书的好处。当然，这里的"书"指的是"经典"！

3. 让孩子站在巨人的肩上

人生在世，为了获得幸福的生活，我们每一刻都面临抉择——要不要上辅导班，要不要学钢琴，要不要去读国际学校，选择什么专业，要不要"跳槽"……在努力争取幸福的一生中，我们每一个选择的背后，其实都是我们对何谓"好"何谓"坏"，何谓"是"何谓"非"的判断与理解。可什么是"好"什么是"坏"呢？我们所认为的"好"是真正对我们有益的"好"吗？怎么做才能"好"呢？

其实，如何判定"好"与"坏"、"是"与"非"根本上是一个哲学问题。可是，我们对这个问题的理解和判断通常处于一种自然的、未经教化的、蛮荒的状态——我们不断地从家人、邻里、同学、老师、社会那里接收着形形色色的价值观而无所适从。我们很少有能力为自己、为孩子提供一种更高级的、更深邃的、更理性的思考。所以，我一直提倡要让孩子读经典——包括中国的经典和西方的经典。这些人类历史上最伟大的心灵、最智慧的头脑对那些关切人类自身的最根本问题的思考一定会对孩子的成长有所助益。从知识的谱系上来说，"经典（Great Books）"是所有知识的"根"，就像所有理工科的研究要建立在最基本的运算能力上一样，所谓"抓住根本"，"阅读经典"，尤其是在孩子学习成长的最初阶段，恰恰是事半功倍的最好选择。

我有一个比喻，让孩子读经典，就像是把他们放到巨人的肩上去理解这个世界！这样孩子们才能以一种"高维视角"，获得一种理性与智慧的能力，从而在如迷宫般的人生旅途中找到自己真正的目标与方向。同时，阅读"经典"也是给孩子的心灵"施肥"的过程。土地如果是贫瘠的，种什么好种子都没有意义，即使发芽了，也难有后劲儿。孩子的成长也是一样的。阅读"经典"，用"经典"滋养他们的心灵土壤，是给孩子最有意义的培养。他们以后可以做什么，很多时候是机缘决定的，但是我们家长需要做到的是，无论他做什么，他的心灵都可以提供源源不断的养分，让这些机缘可以长成参天大树。

4. 没钱买学区房怎么办

我们每一个做家长的都在努力给孩子争取最好的教育资源，幼升小，小升初，买学区房……家长们争抢的无非就是"好老师"与"好的学习氛围"。如果我说，我可以把孔子给你们请来做老师，我还可以把苏格拉底请来给你们的孩子做老师，还有孟子、荀子、卢梭、洛克……你们不免会说："老师，您是要写穿越剧吗？"当然不是。我想说的是，虽然这些伟大的思想家、教育家的肉体已经离我们远去，但是他们的思考、他们的精神还鲜活地存留在他们的著作之中。我们去阅读、去学习这些经典，不就是让这些人类历史上最聪慧的头脑、最伟大的心灵来教育我们的孩子，给他们当老师吗？

如果我们的孩子每天都能被这样的"老师"包围着、教育着，他们不就可以受到世界上最好的教育了吗？所以，我常常和家长们说："学习经典，是我们能给孩子提供的最经济的最好的教育！"

二、学习国学经典的意义

本书总体的一个观点就是，从孩子上小学之后，我们应该尽量让孩子阅读经典。一说到这里，我相信许多家长会说："阅读经典，对才上小学的孩子来说太难了吧！""《诗经》，怎么可能？大人都读不懂！""《山海经》更不行吧？那么厚，孩子都不认识几个字呢！"这其实就是我要反驳的第二种对于"读书"的误解——经典不适合孩子阅读。

经典到底能不能给孩子读呢？孩子到底能不能读懂呢？

我的答案只有一个——"能"！因为我亲身实践过。只要我们找到合适的方法，孩子就可以贴近"经典"。而这本书就是我亲自教学，带领着孩子们阅读经典的经验总结。

说到"经典"，当然包括中国的经典，也包括西方的经典。但是，我的专业主要在中国方向，所以这本书只谈如何学习阅读"中国的经典"。

1. 蒙以养正

中国传统的教育理念讲"蒙以养正"，我想这个观点，大概现代的家长们也会认同。所谓"蒙以养正"，就是要养成孩子端正的价值观。端正的价值观到底对孩子有什么意义呢？端正的价值观首先的一个重要作用就是给孩子一个健全的心理与人格。现在的孩子有心理疾病的太多了！现代西方文明强调"个人主义"，但是在实际生活中，并没有所谓的"原子化的个人"。我们一出生就是"子"，是"弟"是"妹"，长大一点了，可能是"兄"是"姊"，成年了是"夫"是"妻"，是"父"是"母"，社会上是"师"是"友"，于国家是"公民"，在工作单位里是"领导"或"同事"……如果总是从"自我"出发理解这个世界，不免会遇到挫折或打击。梁漱溟先生曾经说过：

> 人生意味最忌浅薄，浅薄了，便牢笼不住人类生命。在浅近狭小中混来混去，有时要感到乏味的。……儒家总是在伦理关系中理解一个人的存在。而只有把个体放置在与他人的关系中理解自我，才能明了自己对他人的责任，而不是在强调个人的权利，才能超越小我，真正展开自我的生命并安顿自我的生命。
>
> ——《中国文化概论》

人生的路很长。现在很多文章都在讲"原生家庭"对人一生的影响，一个人在年幼的时候接收到的信息对其一生都会产生深远的影响。一个人所有关于"幸福"的理解和抉择都以"自己与他人的关系"为基础。而儒学的教义无疑在这方面可以引导孩子形成正确的理解。人的一生，只有有了一定的阅历之后才会明白，做一个讲德行的人才是真正的人生"捷径"。

2. 学习最有力量的文化

五四运动以来，中国文明受到了外来文明的冲击。在落后挨打的境遇里，国人习惯把这种失败归结于以儒学为核心的古代文化传统，钱穆先生曾批评这种想法为——"强弱即成是非"（《国史大纲》）。在这里，我想告诉大家的是，100多年的误解和困顿，对于这个已经持续了近3000年的文明传统来说，真的不算什么大问题。儒学在历史上经历过很多这样的或者是更长时期的困境。

我给大学生上课的时候，经常问他们一个问题——如果你现在生活在秦始皇焚书坑儒的时代，你还会学儒学的经典吗？我想大部分人可能会避之唯恐不及。但是如果我告诉你，仅仅23年之后，汉惠帝四年就废了挟书之律，到了汉武帝时代，就"罢黜百家，独尊儒术"了，你们会如何做出自己的人生选择呢？

我们学习国学，首先要体悟的就是——文化的力量！柳诒徵先生在《中国文化史》中提出了这样三个问题——

(1) 中国幅员广袤，世罕其匹，前人所以开拓此抟结此者，果由何道？

(2) 中国种族复杂，吸收同化无虑百数，至今泯然相忘，其沟通容纳，果由何道？

(3) 中国开化甚早，其所以年代久远，相承勿替，迄今犹存者，又果由何道？

第一个问题是说中国幅员广大。我们现在有960万平方公里的土地。大家知道欧洲多大吗？整个欧洲大概是1000多万平方公里的面积。我们其实仅仅比欧洲小一点点。但是整个欧洲有多少个国家呢？可是我们只有一个中国。大家应该都有在国内旅游的经验。我们走到福建，或者走到广东的时候，你会发现自己完全听不懂当地的方言。可是，这并不妨碍我们和福建人、广东人共同认为我们是在一个国家，我们都是中国人，我们有共同的祖先，有基本共同的文明传统。中国在历史上虽然分分合合，像《三国演义》里面说的

"天下大事，分久必合，合久必分"，但是人心所向以及历史经验还是指向一个政治一统的国家（参见本书第三辑：《史记》读法）。那么，能够把如此广袤的地域，团结为一个大一统的国家，这个力量是什么呢？这是第一个问题。

第二个问题，我们都知道从黄帝战蚩尤开始，中国历史上民族间的争斗就不绝如缕，比如禹征三苗，周人和犬戎之间的斗争，汉和匈奴，后面的五胡乱华，直到元清两次少数民族入主中原，等等。但是到了今天，历史上的这些民族隔膜已经被大家泯然相忘，我们几乎已经找不到谁是纯种的汉人了。我可以举一个自己的例子，我爷爷的胡子是像阿凡提那样特别浓密的向上卷翘的胡子。这一看就不是汉人的样子。虽说我的血统并非纯粹的汉族，但是这并不妨碍我认为自己是一个中国人，是一个汉人，而且现在还在教《论语》。所以，这个可以吸收同化历史上的诸多种族，使之泯然相忘的力量又是什么呢？这是第二个问题。

第三个问题，中国文明开化甚早，直到今天仍然传承有序的原因又是什么呢？我们都知道中国是四大文明古国之一。可是到了今天，这四个古国的文明传统只有中国的文明未曾断绝。中国历史上下5000年，虽然中间几经困顿，许多波折，但是这个文明迄今犹存，我们到现在还在使用着文明源头处的文字系统，还可以无障碍阅读千年之前的文字、诗歌。那么，是靠着什么样的力量，这个文明才能如此地富有生命力呢？

我们来总结一下这三个问题。第一个问题指向了空间，第三个问题指向了时间，第二个问题指向了种族。柳诒徵先生的问题其实可以转化为，我们的文明传统中到底是什么力量能够超越时间、超越空间、超越种族呢？先生虽然没有给出答案，但是他非常肯定地说："有一伟大力量蕴寓于其中。"

对于柳诒徵先生提出的三个问题的答案，想必大家都很好奇，这个力量究竟是什么？幸运的是，我在另一位国学大家梁漱溟先生的文章中找到了答案——

> 中国以偌大民族，偌大地域，各方风土人情之异，语音之多隔，交通之不便，所以树立其文化之统一者，自必有为此一民族社会所共信共喻共涵育生息之一精神中心在。惟以此中心，而后文化推广得出，民族生命扩延得久，异族迭入而先后同化不为碍。此中心在别处每为一大宗教者，在这里却谁都知道是周孔教化而非任何一宗教。

——《中国文化概论》

中国古代文化传统的核心就是"周孔教化"。梁漱溟先生认为，正是"周孔教化"使得我们这个文明体可以战胜空间的分割，战胜时间的流逝，战胜种族的隔膜而孕育出此一偌大民族，偌大地域，而至今生息不绝的文明。

所以，我们做家长的如果可以让孩子从小接触、学习这么有力量的文化传统，一定会让孩子终身获益。人的一生难免遇到挫折、困顿，别人的不理解等问题，但是相信这些孩子一定会从中国的传统文明中汲取力量，一直做一个谦逊而弘毅、中正而平和、温柔而敦厚的人。

3. 理解"我是谁"

我们每个人都身处于具体的时空之中，需要理解时代的节奏以安排自我的生活。《孟子·公孙丑上》中记载："虽有智慧，不如乘势，虽有镃基，不如待时。"我们今天身处于现代文明之中，自然应该放开心胸学习域外文明，但是我们仍然需要回答"我是谁"的问题。如今，中国的GDP已经是世界第二名。这个时候，我们需要找到一个可以与经济、军事实力相匹配的文明力量作为这个国家的后盾，为这个国家"正名"。

在上课的时候，我通常会问学生一个问题——你们是哪国人？每当我问出这个问题的时候，坐在下面的同学往往会面面相觑——哪国人？难道不是中国人吗？这不是一个不言自明的问题吗？那我就会接着问一个问题——你们为什么认可自己是一个中国人呢？就因为你们偶然地出生在这片土地上吗？因为你们黑头发、黄皮肤、黑眼睛吗？如果仅仅是这样的话，那么这个认同是非常脆弱的。因为它基于一种偶然性，你偶然地出生在这片土地上，偶然地投胎于一对中国夫妻的家庭。但是如果你们问老师这个问题，我的答案就会是，我之所以认同自己是一个中国人，是因为我非常开心汉语是我的母语，中文曾经产生出那么优美的诗歌，那么深邃的思想，而我可以无障碍地去阅读、去理解，因此我对自己是一个中国人的身份非常满意。

我们之所以要理解传统，恰恰就是要理解"何谓中国"的问题。我们之所以为中国，之所以为中国人，之所以这样思考，之所以有这样的关切，都需要回到传统文明中去寻求答案。李泽厚先生认为，孔子倡导的儒家思想是一个对中华民族影响很大的文化心理结构，儒学并没有完全走入历史，因为它已化为民族的性格。

我在读书的时候，因为是中文系学生，所以经常有机会和外国留学生交流。记得有一次和一个英国来的友人交谈，就给他讲了讲《红楼梦》的故事。面对一个外国人，我只能简单地把《红楼梦》讲成一个爱情故事。讲到最后，我跟他说，林黛玉病死了。然后我问他，你觉得贾宝玉的结局是什么？这个英国人给我的答案是：He killed himself（宝玉自杀了）。我突然就想到了这个问题，为什么我们的答案是"白茫茫大地一片真干净"呢？为什么会这样不同呢？哪个更好呢？我们当然都知道英国人的答案是出于他们的文化传统，从小读《罗密欧与朱丽叶》的故事，"killed himself"是一个非常自然的选择。但是，对于中国人来说，"死亡"虽然惨烈，但是却不如"白茫茫大地一片真干净"来得余韵悠远。心灵寂灭，行尸走肉于世间，最后勘破生死爱恨，才是最令中国人动容的结局吧。

所以，我们今天学习儒学，学习中国传统的经典、义理，并不是因为它是一个历史文本，恰恰是因为它是一个我们当前理解自身的必读文本。只有我们能够理解到这个层面，我们才能够在现代世界中找到一条真正属于自己文明传统的道路，建立起符合中国人理想的现代生活方式，也才能在开放中确立自己的主体性。

目录

第一辑
蒙学阶段：好奇心与热爱·1

一、我为什么先教孩子学《诗经》·5

二、《诗经》怎么教怎么学·20

三、古文的学习从哪里开始·30

四、《山海经》怎么教怎么学·42

五、为什么不读读中国的绘本·49

六、在蒙学阶段家长辅导国学的几个要点·52

第二辑
进阶阶段：阅读，还是阅读·59

一、唐诗怎么学·63

二、《山海经》之后《论语》之前读什么·65

三、《论语》就是高考语文的"大题库"·68

四、《论语》到底是一本什么书·72

五、《论语》怎么教怎么学·77

六、《西游记》读法·91

七、作文需要培训吗·97

第三辑
高阶阶段：带有研究意味的学习·105

一、《诗经》学习的高阶阶段·109

二、《古文观止》"前四卷"读法·123

三、《史记》读法·128

四、如何学习中国历史·148

五、给孩子一些中国艺术的修养·159

六、高阶阅读法·163

第四辑
争鸣与讨论·187

一、《弟子规》到底能不能教给孩子·190

二、儒学经典系统的前身与未来·196

结语：理解孔子的快乐与力量·210

附记：我们今天怎么做家长·218

后记·229

第一辑
蒙学阶段：好奇心与热爱

首先,我要定义一下何谓"蒙学阶段"。我所谓的"蒙学阶段",从年龄上来说,大致是指小学一、二年级这个阶段。我认为这一阶段主要的学习目标是培养孩子对于知识的"好奇心"与"热爱",以及基本的"阅读兴趣"。所以,如果您家的小朋友对于知识,还未能培养出"好奇心"与"热爱",以及基本的"阅读兴趣"的话,那么需要重新补足这个阶段的教育,无论他(她)现在是几年级。当然,孩子年龄越大,培养这些能力越困难。我曾经遇到一个家长,说她家孩子已经13岁了,叛逆期,天天和家长对着干,根本不喜欢文学,也压根儿不阅读,希望我能够培养孩子的文学兴趣……说实话,这基本就比较困难了。

"蒙学阶段"有什么特点呢?我想对于大多数孩子而言,这是一个需要从一种幼儿的随意生活,调整为规矩地上课,正规地阅读的阶段。就我目前的观察,现在的教育对于这个阶段的孩子是极端不友好的。而不友好的集中体现就是——

拔苗助长

原来应该三、四年级学的东西,弄到一、二年级来学;一、二年级应该学的东西就弄到幼儿园来教。现在资讯发达,看看人家的孩子,5岁认识3000个字了,4岁背了500首诗词了……而家长在这些"别人家的孩子"面前,渐渐进退失据,自觉进入"拔苗助长"的大军,所谓"不要输在起跑线上"是也。

可是，家长和老师有没有反思过这样做的代价是什么？在强迫之下，孩子们大多也能做出一些效果，完成一些任务，但是这个效果却是以牺牲孩子的兴趣，甚至伤害他们的心灵为代价的。很多知识是可以量化的，知识的量化可以满足虚荣心，但是说实话，孩子在蒙学阶段获得的那些知识，很多在他们大一点之后，几个星期就可以补过来。但是，在这个阶段失去的对于学习的真正自发的喜爱却是难以弥补的损失。

有一次，我去一个幼儿园讲座，结束后还有一些家长围着我说话。一个家长一边表达着对我的教育理念的认同，一边又很含蓄地和我说起她的孩子已经能够背诵三四百首唐诗了。我当时脑海里就浮现出一个四五岁的孩童，在家长的威逼利诱之下，怀着忐忑不安的心情背诵着一首又一首他几乎不明白意思的唐诗的情景！果然，私底下，那个幼儿园的园长跟我说，其实她的孩子已经出现了轻微的情绪上的焦虑问题。如果我们对孩子的要求经常性地超过他的能力，那么孩子的心理就会产生焦虑。这是人之常情，成人也是如此。而孩子的问题在于，他们没有成人那么发达的情绪舒缓的方式，更没有完全的自我意识，对家长权威的害怕，也让他们无从表达这种焦虑。可是，他们现在没办法反抗家长，是因为他们现在还没有力量，没有自我理解的能力。一旦到了青春期，当他们认识到自己的力量、自己的喜好的时候，反抗自然就会发生。如果孩子逆反心理严重，甚而导致厌学，家长就会悔之晚矣。

我想一个焦虑的家长，大概率会培养出一个焦虑的孩子，而孩子就是那个为家长的"虚荣心"以及"焦虑"买单的人。很多时候，看到孩子那种像受了惊的小鹿一样的眼神，我都会非常心痛。我在上课的时候，和孩子们在一起会非常愉快。可是在课下，让我头痛的往往是家长。

因此，在孩子的"蒙学阶段"，家长与老师最应该注重培养的就是孩子的"好奇心"与"热爱"！刘慈欣有一个短篇小说，什么名字我记不得了，说的是高等级的文明会监测低等级星球上文明发育的可能性。他们觉得什么时候低等级星球上就会有文明的萌芽了呢？就是当低等级星球上的生物"抬头看天"的时间超过了一定的阈值，那么文明的种子很可能就已经开始萌发。这个故事说的就是，好奇心推动了文明的发展。

我曾经观察过我的同学、我的同事和朋友，他们都算是"学霸"级的人物了。长时间和他们相处，尤其是到了40多岁的时候，他们性情中那些真正有意义的东西才会充分显现出来。除了"品性敦厚"这个素质外，能让他们走到学问的最高等级，到了40岁仍然充满活力的那个要素就是——"好奇心"与"热爱"！

"学霸"都是有"好奇心"的，这才是"学习"的内驱力。真正的"学霸"是不可能被"逼迫"出来的。养成孩子的"好奇心"和对智慧的"热爱"才是培养"学霸"的王道。而且，这种"好奇心"与"热爱"会支撑孩子们的一生。"好奇心"与"热爱"会让他们一直用一颗童心去观察这个世界，对一切不了解的事物都保持着兴趣。所以，无论未来他们会经历什么，无论他们年龄多大，他们都会保有最充沛的生命力，是人群中那些最耀眼的人（参见《诗经》部分的具体论述）。

当然，我这里要特别强调的一点是，培养孩子的"好奇心"，并不是说这个阶段不能给孩子知识性的教育。所谓"好奇心"与"热爱"，恰恰是把知识中的那些"有趣""有意思"的点讲出来，引发孩子天性中的"求知欲"。我反对的是那种带有强迫式的硬灌，不顾孩子接受度的填鸭。好的知识、好的智慧会真正地吸引孩子，带领他们进入知识与智慧的堂奥。我们家长和老师需要做的，就是找到合适的方法而已。

一、我为什么先教孩子学《诗经》

中国是一个诗的国度,所以中国的家长在给孩子进行文化启蒙的时候,往往是从"诗"开始的——"床前明月光,疑是地上霜",唐诗往往是我们的第一选择。但是在我养育孩子的过程中,根据孩子的语言能力以及自己的专业素养,我最终选择了《诗经》为孩子进行一个"诗学"的开蒙。孩子能理解吗?学得会吗?为什么先从《诗经》开始呢?下面我就根据自己的经验说说我的几点想法。

1.《诗经》更适合低幼儿童的语言能力

这是我首先要为大家解惑的一个问题。很多家长都会觉得,《诗经》那么难,小朋友能懂吗?能学会吗?但是,我恰恰要强调的是,《诗经》以"四言"(四字一句)为主,更适合低幼儿童的语言能力。

为什么这么说呢?家长都知道,孩子的语言能力是有阶段性的。举一个例子,我一开始也是先教孩子读唐诗的。记得有一次我教宝贝读古诗,"两个黄鹂鸣翠柳,一行白鹭上青天",可是每次她都把七言的一句,丢两个字,读成五言的。我一开始想不明白这到底是为什么。是宝宝笨吗?好像也不是……后来我弄明白了,这其实就是孩子语言发育阶段性的问题,就是说她那个时候的语言能力还控制不了七个字长度的一句话。孩子们的语言能力最开始是一个字一个字地发音，然后是一个词一个词地表达，然后才是三个字、四个字、五个字……逐渐复杂起来，慢慢才可以驾驭五个字七个字组成的一句话。当我理解了这个问题之后，我就立刻想到了《诗经》，《诗经》大部分的篇章都是四字一句的，那么《诗经》岂不是更适合孩子们在低幼阶段的语言能力吗？

所以，在这里我要特别提醒家长注意的是：

不要用大人对难度的理解来忖度孩子

什么意思呢？就是说，其实《诗经》是对家长太难了，我们家长认为学习《诗经》就要认识里面的每一个字，理解每首诗的具体意思，所以会觉得非常困难。可是对于孩子来说，《诗经》不过都是音与音韵。我们让孩子读"呦呦鹿鸣，食野之苹"，和让他们读"一二三四五，上山打老虎"，在难度上是没有什么区别的。甚至说，"呦呦鹿鸣"是四个字，"上山打老虎"是五个字，也许"上山打老虎"对于他们来说，在发音上会更困难一点。因此我再强调一遍：

不要用大人对难度的理解来忖度孩子

顺便说一句，我的孩子是从 3 岁开始诵读《诗经》的。

2.《诗经》的语言和意境更质朴天然

我选择《诗经》为孩子开蒙的另外一个重要的原因是，从我们文学专业的角度来看，相比于唐诗宋词，《诗经》作为先民的歌唱，它的语言和意境更为质朴天然，更适合教育生气弥满的儿童。

大家知道，诗词的格律是在魏晋南北朝时期发现的，此后就成为文人创作诗歌的一套规律。虽然每个诗人的风格不同，但是或严或松，此后的诗歌作品总是多多少少受到了格律的影响。但是，在《诗经》创作的年代，民风淳朴，毫无造作，是天然去雕饰的美好。因此，《诗经》中的音韵，是先民最为质朴、天然的歌唱，其中表达的情感也比后来的文人更加纯粹天然。所以，我认为《诗经》中的作品更适合教育"生气弥满"的孩子。

举个例子，我们看这句诗——

> 青青子衿，
> 悠悠我心。

下两句是什么？

也许很多家长会说：

> 但为君故，
> 沉吟至今。

这是曹操的《短歌行》，而"青青子衿，悠悠我心"其实是曹操借用《诗经·子衿》里的句子，那么《子衿》的后两句是什么呢？

> 纵我不往，
> 子宁不嗣音？

什么意思呢？就是即使我不去，你也不来传个音信啊！我们看这样的情感表达，是不是比"但为君故，沉吟至今"，更加的淳朴天然呢？"但为君故，沉吟至今"是非常文人化的表达，而且用今天的话来说，很没有行动力，只是"沉吟"而已！但是《子衿》就更为大胆泼辣，"我有事过不去，你就不知道传个音信过来"，诗人的娇嗔、恣肆、质朴、天然的情感表达跃然纸上！

再举一个例子，《诗经·桃夭》：

> 桃之夭夭，
> 灼灼其华。
> 之子于归，
> 宜其室家。

这是一首贺嫁诗，祝福一个即将出嫁的女子宜室宜家。从此以后，用桃花来比喻女子就成为中国诗歌传统中一个非常著名的意象。比如大家都非常熟悉的崔护的《题都城南庄》：

> 去年今日此门中，
> 人面桃花相映红，
> 人面不知何处去，
> 桃花依旧笑春风。

我们来比较这两首诗，就可以看到《题都城南庄》中的比喻是用桃花的美丽来比喻少女娇艳的容颜。但是在《桃夭》这首诗中，没有出现这个少女任何的身体部分：

> 桃之夭夭，灼灼其华。之子于归，宜其室家。
> 桃之夭夭，有蕡其实。之子于归，宜其家室。
> 桃之夭夭，其叶蓁蓁。之子于归，宜其家人。

只是用这棵桃树艳丽的花朵、肥硕的果实以及茂盛的枝叶来比喻一个充满着旺盛生命力的年轻女子。这样的一个女子要出嫁了，开枝散叶，延续生命的奇迹，生命的喜悦与饱满在这首诗里充沛地表达了出来，是一首对生命的礼赞！这样两相一对比，大家就可以看出来，崔护的《题都城南庄》就太过柔弱与流于皮相了。这就是我们说的《诗经》的语言、意境更为质朴天然，更为适合教育天真烂漫的孩子。这是《诗经》很重要的一个好处。

3. 培养孩子的好奇心

孔子非常重视"诗教"，他说过："《诗》可以兴，可以观，可以群，可以怨，迩之事父，远之事君，多识于鸟兽草木之名。"《诗经》可以兴观群怨，迩之事父，远之事君，是比较复杂的"诗教"，我们教育小朋友可以先放过，我们只看最后一句，学习《诗经》，可以"多识于鸟兽草木之名"。什么意思呢？就是小朋友在学习《诗经》的过程中，可以了解很多小鸟、野兽、花草树木的名字，就是认识自然。我为什么要特意在这里强调这一点呢，语文课怎么上成了生物课呢？大家听我慢慢说，这个跟我在大学里面的教育经验密切相关。

我在一所高校教书，学生的成绩、素质都是比较高的，基本上都是各个省的前一千名，但是在我给他们上课的过程中，我发现有一个问题，很严重的一个问题，就是很多孩子，即使他们成绩这么好，可是却对知识本身不感兴趣，他们关心更多的是分数，我多给了一分，少给了一分，他们会追着问，而你教什么，怎么教，他们似乎都无所谓。为什么会这样呢？等我自己的孩子上了小学以后我才明白。上了学，三天一小考，五天一大考，他们从小被训练、被教育的方式，让他们觉得，学这些知识只是为了来变现分数的，学知识是工具，分数是目的，所以才有那么多的解题技巧被大家趋之若鹜。他们已经理解不到，分数不过是测量他们掌握知识的一个方法而已，知识的理解和掌握才是根本的。对分数的过分强调，使得孩子们对知识本身不感兴趣。比如有一次，我上完晚上的课回到家，一进门，孩子就苦巴巴地叫我："妈妈！"我问怎么了。她说这次数学小测只考了92分。我惊讶地说："不是挺好的吗？"可是她却懊恼地说："老师说了，95分以下的孩子要和家长一起反思！"这样的教育模式，当然会让孩子只在乎分数，而不是知识本身！

没有好奇心，对智慧与知识不感兴趣，我觉得这其实是特别特别严重的问题，也是对孩子学习最大的伤害！怎么解决这个问题呢？我就观察自己，可以说，我是一个好奇心特别旺盛的人。我现在40多岁了，但是仍然对所有我不知道的东西感兴趣。比如，我本硕博都是中文系的，但是我仍然对天文学感兴趣，霍金的《时间简史》，我读得兴味盎然，虽然很多读不懂，但是仍然读得非常开心。坐地铁，我消磨时间的方式是做数独。

后来我就想，我为什么有这么多的好奇心？我觉得，也许和我小时候天天在麦田里疯跑有关。我爸爸在部队工作，宿舍前面有一大片麦田，我会跟小朋友在麦田里面挖野菜呀，捉迷藏啊，晚上坐在院子里看天上的星星等等。而现在小朋友的成长环境是怎样的呢？城里的孩子都成长于钢筋水泥的丛林，生于斯、长于斯，放了学做作业，然后就是看电视，或者玩手机，玩iPad，几乎没有自然的参与，更得不到自然的滋养。"大漠孤烟直，长河落日圆"，他们见过吗？没有！所以这首诗对于他们来说，就是作业，就是考点而已。而如果我们有幸见过这样的景色，恰巧也学过这首诗，就会感受到这首诗的恰切与力量——太美好了，这首诗说出了我涌动在心里却找不到合适词汇表达的那些感情！我们就会永远地记住这首诗，并同时提升了我们对壮阔之美的理解，丰富了我们的感知力、理解力。

　　回到《诗经》，"多识于鸟兽草木之名"，其实就是带着孩子用文学的方式接触自然，理解自然与我们生命的意义。比如，学了《桃夭》这首诗，如果是春天学的，我就会建议家长周末带着孩子去看什么是"桃之夭夭，灼灼其华"，体会经过了一个冬天的酝酿，生命勃然喷发出来的美丽。如果是夏秋季节学习这首诗，我就会建议家长周末带着孩子去采摘，一定要让孩子看到那些肥硕的桃子把树枝都压得低低的，然后亲手把一个大桃子从树上拧下来。那个时候，他们就能理解什么叫"有蕡其实"，体会到《桃夭》这首诗的美好。他们知道，诗描写的就是他们实实在在的生活，他们不再是为了换分数而去学习这些诗歌作品。这样，通过《诗经》的学习，我们就把有趣的自然和书本上的人文知识联系在了一起，这样就可以让孩子感觉到，原来书本上的知识也是可以有趣的，原来我们的生活是这样的美好。孩子们在《诗经》里认识了这些鸟兽草木，然后他们就会知道生活中的一草一木

学生根据《桃夭》一诗创作的画

都可以成为他们歌咏的对象，他们的眼睛就会逐渐变成诗人的眼睛，学会观察与体味，理解什么是"生活中的诗意"。将来，用到写作上，他们的笔下就会是有灵气的语句。

4. 培养孩子的同情心与丰盈的生命力

《诗经》里的草木鸟兽，对孩子们还有另外的意义。这里就涉及我在大学里教书遇到的另一个问题——现在的孩子有心理疾病的太多了（相关讨论可以参见北大心理学系徐凯文老师的文章《一位北大教师的沉痛反思》）！我想一部分的原因是这些孩子在考上大学之后，再也寻找不到人生的目标与方向，失去了意义的人生当然是无聊且乏味的。另一个原因大概就是他们成长的过程太过枯燥，唯分数的教育已经吸干了他们的生命力。

怎么解决这个问题呢？我的答案还是"回到自然"，但是这种"回到自然"，除了真正地走入自然，还要在文化上理解自然对我们的意义。中国的文化，源出于农耕文明，恰恰是一种最理解自然与人的文化传统。我们最感安全与温暖的是母亲的怀抱，回到自然，其实就是在生命的意义上回到自然这个母亲的怀抱。而"诗"恰恰是一个沟通你我与自然的很可贵的桥梁。扬之水先生曾经说过：

诗是联系自然与人生的最为亲切的依凭

《诗经》中的草木鸟兽复原且升华了我们所存在的这个意义世界，并给予了我们一双可以发现美的眼睛，感知美的心灵。

在我们阅读诗歌的过程中，读者也在不知不觉中感知着一颗遥远的心灵。《诗经·小雅·巧言》里说："他人有心，予忖度之。"当日诗人感动于物我之间的连接，起兴言志。今日读者通过对诗的体味与阅读，感动着诗人当年的感动，"思接千载"，跨越时空，理解了一颗从未曾谋面，但又于我心有戚戚焉的心灵，此之谓"同情"。孩子在学习文学作品的过程中，他们的**"共情"**能力就可以被一点点地培养出来。理解他人，对他人抱持着最基本的"理解"，甚至是"温情与敬意"（钱穆先生语），是人之所以能在社会上立足，能更好地更善良地在社会上立足的基础。而且，这种"同情"还可以教育孩子们领悟到一人之心与亿万人之心，乃至于千百年前人之心，千百年后人之心，是一而非二，能够体会到一种人类对于宇宙万物与人生的亘古不变的情志，从而能够打破小我，在更广阔的范围内去理解世界与自我的关系。

从根本上讲，一个人的生命与这个意义世界是密切相关的。我们每个人的生命都得益于这个意义世界的成就，从阳光到空气，从小草到大树，从虫蚁到花朵，从山川到河流，从天到地，从父母到邻里，从国家到社会，从科技文明到文化传统，都是我们生命不可或缺的组成部分。所以，当一个人真正对自我的生命有一个深切理解的时候，就会拥有一种感恩与喜悦的生活态度，有了这种感恩与喜悦的生活态度，才能更加严肃地对待自我的生命。叶嘉莹先生说："诗词的研读并不是我追求的目标，而是支持我走过忧患的一种力量。"（《古诗词课》）

我觉得这是对《诗经》，对整个儒家思想非常重要的一个认识！我们的一衣一食，一饮一啄都源自这个世界的滋养与生发。而人在对自然的亲切观察与体悟中，亦能收获生命的智慧。

5."不学诗，无以言"

大家都知道《诗经》是我国第一部诗歌总集，是中国所有诗歌的源头。从很古老的时候起，"诗"就被用做"教育"的材料，是儒家"六经""六艺"最重要的组成部分之一。用"诗"进行"教育"被称为"诗教"。我国伟大的教育家孔子就非常重视"诗教",他曾在《论语》里多次提到过学习《诗经》的重要意义。比如有一条章句讲,有一次他的儿子伯鱼走过院子,孔子看到他,把他叫住,就问他,"学《诗》乎"？伯鱼你学诗了吗？伯鱼回答说"未也",还没有。于是孔子就跟他说,"不学《诗》,无以言"：

> 陈亢问于伯鱼曰："子亦有异闻乎？"对曰："未也。尝独立,鲤趋而过庭,曰：'学《诗》乎？'对曰：'未也。''不学《诗》,无以言。'鲤退而学诗……"

——《论语·季氏》

什么意思呢？就是说,如果你不学习《诗》,就不会说话。怎么能不会说话呢？我们正常人只要口舌正常,都会说话。其实这句话的意思是说,如果你不学习《诗》,就不会很"文雅"地说话,你说出来的话就很粗鄙。一个人言辞粗鄙,就会显得面目可憎。所以,"不学诗,无以言",就是说我们学习了《诗》,就可以运用《诗》中的语言非常文雅地表达自己的所思所感,成就一个"文质彬彬"的君子。

我给大家举个例子,我给小朋友上课的时候,问过他们一个问题——"你们的妈妈漂亮吗？"小朋友们都回答说："漂亮！"我接着问他们："你们来形容一下自己的妈妈怎么漂亮,好不好？"于是小朋友们都"无以言"了。其实,我也可以问问我的读者,各位家长,各位成年人,你们的妻子都很漂亮,你们怎么形容她们的美丽呢？如果大家也是"无以言",那我们就来学习一下《诗经》中的一首作品《硕人》。这首诗描写了一个美丽的女子——

> 手如柔荑，
>
> 肤如凝脂，
>
> 领如蝤蛴，
>
> 齿如瓠犀，
>
> 螓首蛾眉，
>
> 巧笑倩兮，
>
> 美目盼兮。

我曾在一个台湾的相亲节目中看到，主持人要求一个台湾的男生形容一下和他牵手的女生，那个男生说的就是"巧笑倩兮，美目盼兮"。我当时心里就很感慨，台湾人的国学素养真是好啊！

大家都知道《诗经》中的作品都是古代的歌词，是可以配乐歌唱的，孔子说："诵诗三百，歌诗三百，舞诗三百。"那么我们就拿《硕人》这首诗来和今天的歌曲做个对比。大家有没有听过羽泉的《最美》？这首歌当时还是很流行的。我们看看它的歌词：

> 你在我眼中是最美，
>
> 每一个微笑都让我沉醉。
>
> 你的坏　你的好，
>
> 你发脾气时噘起的嘴……

多余的话，我就不说了，大家可以自己判断。

6. 中正平和，温柔敦厚的诗教

当今的中国，很多戾气。一些小朋友由于是独生子女，也是被宠溺得性情乖戾，不像样子。儒家的"诗教"强调要养成"中正平和""温柔敦厚"的君子。我们在生活中也喜欢和"中正平和""温柔敦厚"的人交往。扬之水先生曾说：

> 《诗》生长在一个从物质到精神都被贵族君子风尚所笼罩的社会里。这是"诗"之可以为"教"的基本背景。但是，"诗"之"教"并不是耳提面命式的"政令教化"，其礼仪制度更多是圆融在天地万物的自然节律与一衣一食的生活情趣之中。
>
> ——《诗经名物新证》

所以，我提倡用《诗》来教育小朋友，还是因为我们家长可以借由《诗》为我们自己，为社会养成一些"中正平和""温柔敦厚"的孩子。

我们还是来举一个例子，大家最熟悉的《关雎》：

> 关关雎鸠，
> 在河之洲，
> 窈窕淑女，
> 君子好逑。

这句诗是说雎鸠鸟在黄河的沙洲上关关地叫着，窈窕淑女，是君子好的配偶。大家都知道"关关雎鸠，在河之洲"是赋比兴中的"兴"。那么怎么理解雎鸠鸟的鸣叫和君子好逑之间的关系呢？也许就是当时诗人正在河边漫步沉思，突然"关关"的鸟鸣声把他从自己的思虑中叫醒。他顺着"关关"的叫声望过去，原来是一只雎鸠鸟在冰雪消融的沙洲上快乐地鸣叫着。你看，春天来了，"嘤其鸣矣，求其友声"，就连小鸟都在找寻它们的伴侣。"关关"的叫声，引发了（"兴"）诗人的情词——"窈窕淑女，君子好逑"。小鸟与人表面上看来似乎全无关系，但是我们分明可以感受到这种人与自然之间生命的连接与情感的流动，互不打扰，但又彼此相依。**人和自然都处在同一个生命的节律之中，同样的自然，同样的美好**。这里面并没有提到情，就扭捏不好意思，也没有提到男女就觉得淫荡，都没有，就是非常自然的一个表达。所以我这里引用南宋罗大经的一句话——

两间莫非生意，万物莫不适性。

就是说，无论是"关关"叫的雎鸠鸟，还是君子好逑，都是天地之间勃勃的生意，是对生命的礼赞，都表达着天地之间的生生之德；万事万物，小鸟也好，人也好，莫不任情适性，一派自然祥和。

再往下看，

求之不得，
寤寐思服，
悠哉悠哉，
辗转反侧。

孔子曾经评价《关雎》："乐而不淫，哀而不伤。"那么这两句说的就是"哀而不伤"，求不到，不是算了，换一个女生追求的冷漠，也不是"死了都要爱"的偏执，而是"寤寐思服"，寤就是睡醒了，寐就是睡着了，就是睡醒了睡着了都在想着这个姑娘，这种思念很悠长，"悠哉悠哉，辗转反侧"，不过就是翻来覆去睡不着而已，这就是"哀而不伤"。我们看这就是"中正平和""温柔敦厚"，即使是有些哀怨，但这些哀怨也是文雅的。

到后面我们再看，这位君子想到了追求淑女的办法：

窈窕淑女，
琴瑟友之。

窈窕淑女，
钟鼓乐之。

在这里给大家纠正一个观念，有钟鼓，有琴瑟，在先秦时代一定不是"民歌"，不是平民老百姓的歌唱，一定是贵族的，而且一定是大贵族，才能有钟鼓的。那么这几句在这里表达了什么呢？我们看古代一个贵族，有文化有教养的贵族追求女子，追求一个美好的淑女，怎么追求呢？用音乐来取悦她。这句诗就表现了古人对于夫妻关系的一种理解，就是要"琴瑟和鸣"。不是像五四时期对古代文明的理解，夫为妻纲，是对女性的压迫，是三座大山，不是这样的，而是琴瑟和鸣。君子和淑女之间是朋友，关系是欢乐的和谐的。我们今天怎么追求女孩子呢？买个大钻戒，买个贵的包包。《诗经》里面不是这样的。这两句诗体现了一个君子的修养。同时，淑女可以接受琴瑟友之，接受钟鼓乐之，那么就表明淑女也是一个有教养的好女子。

当然，太小的小朋友在阅读这些诗歌的过程中，是不需要把这些都讲给他们知道的。但是，通过反复地吟诵这样的诗歌，中正平和、温柔敦厚的"诗教"就会慢慢浸润涵育孩子们的性情与心灵。

孔子说："《诗》三百，一言以蔽之。曰：'思无邪'。"最后我也做一个总结，《诗经》305篇，我们可以用之培养孩子**健全的心智与健全的情感**。因此，我觉得用《诗经》来给孩子做一个中国诗学的开蒙，一个国学的开蒙，一个人生的开蒙，是一个非常好的选择！

二、《诗经》怎么教怎么学

学习《诗经》虽然有这样多的好处，但是实际的教学工作，仍然是需要仔细斟酌的。既要保证孩子对学习《诗经》的兴趣，又要适当加入知识的传授，是在蒙学阶段需要兼顾的教学目的。下面是我亲身实践过的一些教学方法和教学原则，希望能对各位家长有所帮助。

1.《诗经》的基本学习
(1) 全诗教授

在我带孩子读《诗经》的过程中，也是走过弯路的。那时孩子才3岁，我觉得有的诗太长了，比如《关雎》，全诗五章，二十句，3岁的孩子怎么可能记得住呢！于是我就按照唐诗绝句的规模，把《关雎》截成四字一句，一首四句的样子，教给孩子。比如《关雎》就被截成了：

关关雎鸠，
在河之洲。
窈窕淑女，
君子好逑。

《鹿鸣》就被截成了：

> 呦呦鹿鸣，
> 食野之苹。
> 我有嘉宾，
> 鼓瑟吹笙。

在孩子玩耍的时候，我会给她放这些诗歌作品的音频，音频里面当然是整首诗的诵读。过了几天我发现，《关雎》里面我没有教的部分，孩子也能顺口读下来了。这个发现让我异常欣喜，同时也反思了自己的教育思路。我还是犯了"低估孩子学习能力"的错误。我们想一想，小朋友之间说的顺口溜，或者他们拍手时的一些歌谣都是很长的，比《诗经》中的很多作品长多了，可是孩子们说起来却乐此不疲，说明"长度"对他们来说不是问题。

于是，我就修改了教育的方式，每一首诗都带着孩子读全诗，无须截短。而且全诗读下来，原诗中的音韵、复沓等修辞手法，才能更加完美地展现出来，反而会更吸引小朋友们。

(2) 读音问题

学习《诗经》，家长遇到的第一个问题就是"读音"。《诗经》的读音太麻烦了！各家的注本很多不一样的读法，"淇奥"的"奥"是读"ào"还是"yù"，就是我们专业的都很头疼。我个人的建议是，家长不要太纠结。比如"窈窕淑女，钟鼓乐之"中的"乐"字到底读什么？很多教育机构标榜自己多"专业"，读为"yào"。错是不错，这是古音，意思是"快乐"或"取悦"。但是，这个音在普通话的现代汉语中几乎已经不再使用了，被"lè"这个音取代。读为"lè"，不影响孩子们理解意思，也没有人为地造成孩子们学习的障碍，所以我在上课的时候就读为"lè"。

还有《桃夭》里面"灼灼其华"的"华"字。很多注音本，都把这个字标为一声，认为是通"花"字。我在上课的时候，就是读为"华"，二声。为什么呢？因为"华"这个字本来就有"花朵"的意思，特指"树木的花朵"，在古文中非常常见，没有必要改过来，例如，"春华秋实"里面的"华"是"花朵"的意思，不也是读为二声吗？类似的情况还有"匪"这个字，我一般就是读为三声，不变为一声"非"。首先，"匪"的音就是三声，它本身有"不"的意思。另外，《诗经》中既有"匪兕匪虎"（不是兕也不是虎），也有"有匪君子"（有文采的君子）的句子（两个句子里面的"匪"意思不同），都是"匪"，一会儿读一声，一会儿读三声，会造成小朋友们的困扰，故不变，通读为三声。

《诗》之诵读，其实不是为了要学会那些字那些词，而是为了用音韵涵养小朋友的性情与审美。只要有所依据，大家就无须太过纠结《诗》中具体字词的发音。如果他们长大了，还对《诗经》感兴趣，从事专业研究的时候，可以再去碰这些问题。

(3) 生字生词

我们家长对于学习诗歌方法的认知往往是从自己所受的语文教育中来的。每一个遇到的生字生词都需要记住、理解、会写、知道意思……可是，《诗经》中的生字生词对于小朋友们来说也太多了吧，几乎每一个都是生字生词。所以，这就成为读音之外，《诗经》学习中最让家长和孩子头疼的又一个问题。这个问题怎么处理呢？

《诗经》中几乎每一句话，每一个字、词，对小朋友来说都是陌生的。要是"不动脑筋"地教小朋友，就会把这些生字生词都给小朋友们教一遍，既显得"认真负责"，又能事实上偷懒。但是，这样教学的结果就是——让小朋友们"知难而退"。《诗经》当中有太多在后来的古文中不再那么常用的生僻字、词,这一部分我们无须让小朋友精确掌握,不影响理解作品的意思就过去好了。同时,《诗经》当中也会有一些在后来的古文中经常还会用到的生字生词,这一部分就必须挑出来,给孩子们讲一下以加深印象。注意,这里仍然不是要求必须一次性记住。既然是常用词汇,必然在后面的学习中会反复出现,所以一次没记住,下次遇到再记一次就好了。我在给小朋友上课的时候,有一个原则,每一首诗最多只挑出五个常出现的字词来重点教授(当然,这同时也对家长和老师提出了更高的要求,只有对古文比较熟悉,才能正确选出什么是常用词汇)。其他的,放过就好。还是那个原则,保护孩子们的兴趣是第一义。

(4) 蒙学阶段只"诵读"不"背诵"

家长经常问我的另一个问题是"要不要让孩子背诵这些诗篇"?我的建议是,"蒙学阶段"的小朋友,以养成"好奇心"与"热爱"为主,可以熟读,家长最好不要强迫背诵,以免破坏小朋友学习的兴趣。家长们想一想自己小时候背课文时的心情和心理就清楚了。人同此心,心同此理。要求太小的孩子背诵,会极大地增加他们的心理负担,造成对学习的抵触情绪。而且孩子背不好的时候,家长的态度难免恶劣,这就更增加了孩子的心理压力。所以,蒙学阶段,我还是建议家长们不要强迫孩子背诵。那怎么办呢?我的建议是——

熟读成诵

家长可以根据孩子的作息,在一天中,找到一个恰当的时间并固定下来,作为孩子诵读《诗经》的学习时间。重点是固定,比如早晨洗漱后早饭前,或者睡觉前等。这样做的好处是养成有规律的学习习惯。而且，家长们会惊奇地发现，孩子们多读几遍之后，自然就会不经意间背下来。不过，家长们还会发现，前几天会背的作品，过了几天孩子又忘记了。没关系，这是小孩子学习的正常状态，那就再读几遍好了。总之我强调，在孩子的蒙学阶段，以养成"兴趣"为主，家长不能强迫背诵。

当然，这只是基于我的经验的建议。每个小朋友的情况不一样，可以各自斟酌。家长可以自行把握一个度，就是不能以自己的虚荣为原则，要以小朋友自愿为原则，不能破坏孩子们的学习兴趣。一旦发现孩子有逆反心理了，不愿意学了，就需要适当调整学习的强度。

我遇到过一个家长，白天上班，晚上回来不是赶快陪着孩子玩一会儿，而是觉得白天的时间都浪费了。自己回来后赶紧带着孩子读《诗经》《山海经》《论语》《笠翁对韵》……结果宝宝开始厌烦，问我怎么办。对于一个6岁的宝宝来说，这些学习抢走了妈妈的陪伴和爱，而且一大堆又难又不知所谓的东西要学习，时间长了，孩子肯定不喜欢啊。幸好家长是一个非常能听进去劝解的人，及时调整学习策略，立刻就收到了很好的效果。

当然，三年级以上（含）的小朋友就要提一提要求了。这个阶段是"理性"逐渐建立的阶段。学习从来不是什么请客吃饭，是要付出努力和辛苦的。如果前两年"兴趣"的基础打得好，孩子们就可以"痛并快乐"地学习了。

(5) 《诗经》的讲解

《诗经》中的作品到底要给孩子讲到什么程度，一直是家长头疼的问题。

我的原则是，小学之前，孩子不问就不讲。一、二年级可以适当讲讲大意。我带着一、二年级的小朋友读《诗经》的时候，因为有一些教学上的要求，也只是大致逐句解释一下字词的意思，然后整体讲一下诗的主旨。我一直以来的观点是，"诗"是不可翻译的，是只可"意"会的！所以，不要给孩子看那些白话翻译，那会败坏孩子的胃口！

很多家长或老师教孩子学"古文"，常常让他们努力把"古文"翻译成"现代汉语"，殊不知这只有利于考核，而不利于培养孩子真正的古文阅读能力。我们大家都学过英语，英语虽然也会要求翻译，但是更多的人会告诉你，学好英语就是不能总是在心里想着汉语，然后翻译成英语表达出来，而是要努力建立英语的思维，直接用英语思考然后表达出来。其实，作为一种"语言"，"古文"的学习也是一样的。更何况，诗的翻译常常是特别糟糕的。

[6]《诗经》的选目

最后一个问题，《诗经》一共305篇，是不是篇篇都要学？如果孩子有时间有精力，当然都学是最好的。但是，以我的经验来看，这几乎不太可能，孩子的时间、精力都不允许。那么就需要家长精选，或者找好的选本。目前市场上的《诗经》选本都大同小异，当然大出版社、大专家的选本更靠谱一些。

目前的《诗经》选本，大多依据"《诗经》学"上的"重要性"来选目。这是非常重要的挑选原则。但是，在我教学的过程中，由于我需要考虑到整个国学教育体系的前后关系，我的选目还会留意作品对此后中国诗歌发展的影响，以及题材覆盖这些因素。由于《诗经》是中国历史上第一部诗歌总集，所以很多诗歌的题材都是第一次出现在这里，比如《绿衣》就是最早的"悼亡诗"，《燕燕》被称为中国"送别诗之祖"。在讲授这些作品的时候，最后的作业我都会加上一条，找一找其他的"悼亡诗"，或者你还会哪些"送别诗"等。这样孩子们在学习这些诗歌作品的过程中，就会渐渐触摸到中国诗歌史的一些传承脉络，对于他们理解此后的文学作品非常有帮助。

另外，目前市面上的《诗经》选本还有一个大问题，就是"雅""颂"的部分选得太少了。

受五四运动以来新文化观念的影响，许多人认为《诗经》的"风诗"部分是"民歌",所以受到很大的重视,从而忽略了在文化上、思想上非常重要的"雅""颂"的部分。而且,"雅""颂"确实难读难讲,许多国学班、选本都将"雅""颂"的部分束之高阁。但是,如果《诗经》的学习是如此的割裂,那就太遗憾了。"雅""颂"的学习方法,我会放到"高阶阶段"那里去讲。

2. 学习《诗经》可以多角度进入

前面总结的都是具体的"语文"上的教学问题。其实,学习中国传统的经典,应该以"文史哲"不分为原则,回到农耕文明"人与自然和谐相处"的历史语境中去理解这些著作。具体到《诗经》,其实有许多有趣的学习方法可以实践一下。下面我就来分享一下我的教学心得:

(1) 《诗经》可以是历史地理学

学习《诗经》一般从"风诗"开始学起。目前学界对"十五国风"普遍的理解是"乡土之音""地方之诗",即代表了当时不同地方的诗歌或乐调。所以,在我教授《诗经》的过程中,会先给孩子提供一张地图。在学习"风诗"的过程中,每学一"风",我就让孩子们在地图上找到相应的位置。在那个位置上画一个大致的圈圈,然后把相应的风诗的"名字"写在圈圈里面。

这里特别要强调的是,目前"十五国风"分别在什么地方,其实是有许多争论的。我认识的一位老师正在做这方面的课题,落实《诗经》中的地名是现在的什么地方。所以,家长在带领孩子画地图的过程中,不要太纠结到底在哪里,多大范围,这都是没有定论的事情,只要大致方位不错即可。

这项学习活动最重要的训练目的,不是让孩子们在"知识上知道"这些地方在哪里,而是训练他们的学习方法,即将文化上的知识落实到地图上的

闻韶学堂《诗经》学习地图

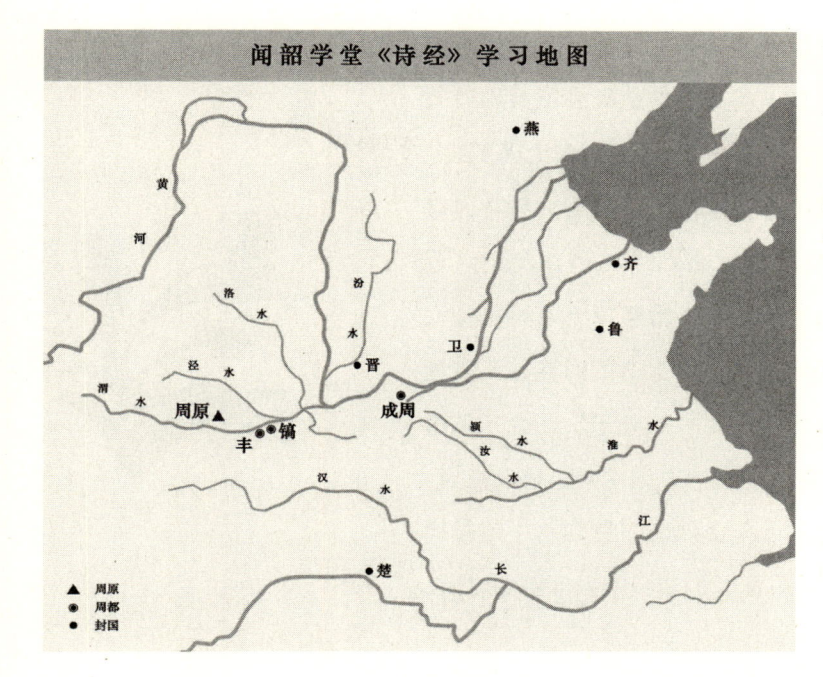

这是我在闻韶学堂教学中必备的一张地图，上面涵盖了《诗经》中涉及的不同地区和方位，孩子们可以通过在地图中的标注，理解《诗经》作品在空间的展开

能力。这个能力，对于孩子们未来学习历史、地理，乃至制定旅游攻略都很有价值！

(2) 《诗经》可以是生物学

我在前面讲过，孔子说学习《诗经》可以"多识于鸟兽草木之名"。所以，为了让孩子们真正爱上《诗经》，家长们可以变身生物学家，带着孩子们在学习《诗经》的过程中，了解我们先民最常见常用的一些动植物。

比如，在教孩子学《王风·黍离》的时候，我们可以顺便告诉孩子什么是"黍"，什么是"稷"。"黍"就是我们通常说的黄黏米，比小米稍大，煮熟后有黏性。而"稷"脱了壳，就是我们常见的"小米"，是当时中原地区最主要的粮食作物。我在上课的时候，还会从淘宝上或者从厨房中找来"六谷"——"稻、粱、菽、麦、黍、稷"，让孩子们摸摸面粉，告诉他们这就是"麦"的产物。每人分几颗豆子，这就是古人的"菽"。通常这个时候，孩子们的小脑袋就会围着我叽叽喳喳的，孩子们学习的兴趣一下子就会上来了！

《诗经》中有趣的东西太多了，比如《卷耳》这一篇里面提到的"卷耳"就是郊外路边常见的"苍耳"。我小的时候，男生淘气，常常摘下苍耳扔到女生编好的辫子上，很难摘下来。上课的时候，不方便去郊外采摘，我就去中药店买"苍耳子"，分几颗给孩子们，告诉他们"苍耳子"可以泡水喝治疗喉咙痛。可惜，药店里的"苍耳子"上面的"倒钩"不是很锋利了，不如野外的好玩。家长们带孩子去郊游的时候，可以到路边采摘一点回来。

当然，大部分家长不是生物学家，这些草木鸟兽的知识，不是可以轻松得到的。在这里我给大家推荐两本参考书，一本是《诗经名物图》。《诗经名物图》分草、木、鸟、兽、鱼、虫六部，收图两百多种，是日本学者细井徇的作品。该书的图画非常清雅，我给小朋友留的作业，除了诵读之外，常常就是选择一个《诗经》作品里的草木鸟兽画一画。

另一本参考书是《诗经植物图鉴》，作者潘富俊。潘富俊先生是生物学家，又热爱古典文化，故有此作。可惜这本书出版于2003年，我是花了高价从孔夫子旧书网上淘了一本，希望这本书以后可以再版。

这两幅画都是我的学生的作品，孩子只有8岁。让孩子在课后根据授课内容画画，是培养学生"复习"，锻炼"文本阅读"，提高"学习兴趣"的教学设计，效果很不错

(3) 《诗经》里的文化常识

学习《诗经》还可以借机丰富孩子们的文化常识。例如讲到《周南·兔罝》"赳赳武夫,公侯干城"的时候,就可以让孩子了解一下古代的五等爵制度——"公、侯、伯、子、男"。顺便还可以让孩子们去查一查,英国的五等爵位,用英语怎么说。讲到《邶风·燕燕》"仲氏任只,其心塞渊"的时候,就可以让孩子了解一下古人的排行——"伯、仲、叔、季"。如果家长古文知识丰富,就可以引申一下,那孔子叫"仲尼",在家里排行老几呢?对了,孔子字"仲尼",一定是在家里排行第二,所以"文革"的时候贬低孔子就叫他"孔老二"。还有我们熟悉的"伯夷""叔齐",都可以问问孩子们从他们的名字里我们可以判断出他们在家里排行第几。

除了这些"文化常识",几乎每一首《诗经》作品中都可以总结出一个成语出来。比如讲《关雎》的时候,就可以让孩子们学习"琴瑟和鸣",讲《兔罝》的时候学习"国之干城",讲《甘棠》的时候就可以学习"爱屋及乌"等。

《诗经》是一本古代先民生活的缩微记录,它是丰富的、有趣的、温柔的诗教。如果我们能够把它的魅力讲出来,用之来教育我们的孩子,真是再好不过的材料。

三、古文的学习从哪里开始

我希望建构的国学教学体系由两条线索构成,一条是"诗"的线索,一条是"文"的线索。"诗"的线索,为蒙学阶段找到《诗经》后,我特别开心。但是小朋友们学习古文到底应该从哪一部经典开始,是一个困扰了我许久的问题。

在之前的文章中我讲过,小朋友正式入学之后,时间就变得非常紧张,所以在这个前提下,我不愿意让孩子们再去学习《弟子规》《三字经》《百家姓》《千字文》那些蒙学读物。我们做家长的应该把孩子宝贵的时间用于学习、阅读更为经典的作品。因为,即使是挑选经典的作品也是很多很多的。读经典都读不过来呢!但是,所谓"经典",一般都是晦涩难懂的书。如何让孩子,尤其是不怎么识字的孩子开始古文的阅读与学习呢?用哪一部经典给他们开蒙呢?

于是,我在家里的书架爬上爬下,把家里的藏书翻来翻去,最后终于找到了一个让我至今仍然非常满意的解决方案!虽然找到答案之后,一切显得那么简单,就像说出如何把一个鸡蛋立在桌子上一样,但是求索的过程仍然是艰辛的。

我的答案是什么呢?

《山海经》

如果要给不识字的小朋友推荐一本古文学习的入门书,我推荐——《山海经》。为什么呢?

1. 用《山海经》教小朋友认字读书

大家可以先看一下《山海经》的内容:

南山经之首曰鹊山。其首曰招摇之山,临于西海之上。多桂。多金玉。有草焉,其状如韭而青华,其名曰祝馀,食之不饥。有木焉,其状如榖而黑理,其华四照,其名曰迷榖,佩之不迷。有兽焉,其状如禺而白耳,伏行人走,其名曰狌狌,食之善走。丽麂之水出焉,而西流注于海,其中多育沛,佩之无瘕疾。

又东三百里,曰堂庭之山。多棪木。多白猿。多水玉。多黄金。

又东三百八十里,曰猨翼之山。其中多怪兽。水多怪鱼。多白玉。多蝮虫。多怪蛇。多怪木。不可以上。

又东三百七十里,曰杻阳之山。其阳多赤金,其阴多白金。有兽焉,其状如马而白首,其文如虎而赤尾,其音如谣,其名曰鹿蜀,佩之宜子孙。怪水出焉,而东流注于宪翼之水。其中多玄龟,其状如龟而鸟首虺尾,其名曰旋龟,其音如判木,佩之不聋,可以为底。

……

以上是我截取的《山海经》开篇的前 4 段。我们总结一下在这前 4 段内容中出现的文字：

"山"出现了 6 次

"东"出现了 4 次

"三"出现了 3 次

"百"出现了 3 次

"里"出现了 3 次

"其"出现了 20 次

"之"出现了 14 次

"焉"出现了 6 次

"曰"出现了 10 次

"多"出现了 16 次

……

其实，这些文字在后面的文本中还会出现更多次。所以，对还不怎么识字的小朋友来说，在他们克服了最初的陌生感之后，《山海经》文本中同一文字的反复出现，同一意思的反复使用，就会让他们逐渐学会认读这些高频词汇（无须一个一个地单独去识字）。而这些高频词汇恰恰就是语文（古文）学习与阅读中最基础，使用频率最高，最需要小朋友们优先掌握的那部分字词！

更为重要的是，"简单重复"是小朋友们最爱的表达方式（我想一定不只我一个家长体会过讲"拔萝卜"的痛苦）。《山海经》的内容，尤其是《山经》的部分其实是非常程式化的表述——每一段的内容几乎都是往哪个方向走，走多少里，到了什么山；山上有什么草什么树，这种草这种树长什么叶子,开什么花,结什么果实,它有什么医药功效;然后这座山上有什么矿石,山上会流出什么河(水),这个水往哪边流,流到哪里去;然后山上有什么精怪,这个精怪几只眼睛,几个头,几个角,几个身子,几个尾巴,然后吃了它有什么功效等,是非常程式化的表达。所以,小朋友们虽然在一开始接触的时候会有难度,会有一段时间的"懵",但是这种"简单重复"的表述看多了、读多了,孩子们就会自然地了解并接收到文本的内容,逐渐习惯一种古文的表述方式。

举个例子,比如第一段内容里出现了4次"焉"字:

有草焉

有木焉

有兽焉

丽麂之水出焉

大家都知道,"焉"是一个非常常见且重要的古文词汇。我们在第一次带着孩子阅读到"有草焉"的时候,就可以告诉他们,这里的"焉"是"于此"的意思,意思是"在这里","有草焉"就是"有草于此","有一种草在这座山上"。当阅读到"有木焉"的时候,如果刚才小朋友还没有完全明白,就可以在这里再讲一遍"在这座山上有一种树"("木"是"树"的意思)。如果宝贝们还不明白,也不需要着急,先放过去,等遇到"有兽焉"的时候,可以再讲一次。按照我的经验,基本上讲到第三次的时候小朋友们就可以理解,可以举一反三了。如果还不理解,或者第二天忘记了(小朋友都是很健忘的),没关系,以后的文本里还会重复太多次类似的内容。等阅读到"丽麂之水出焉"的时候,稍稍有一点变化,但是我们还是可以告诉小朋友,"焉"

还是"于此"的意思,这句话就是"有一条叫丽麂的河从这座山里流出来"("水"就是"河流")。这样反复多次之后,小朋友再阅读其他古文的时候,"焉"的问题就自然解决了。

再比如第1段中出现的"华"字(其状如韭而青华),是"花朵"的意思(它的形状像韭菜,开青色的花朵)。后面的"其华四照","华"也是"花朵"的意思,"其华四照"就是说它的花朵会发光,照亮四周。解读为"花朵",这是"华"字在古文中非常常见的用法,如《诗经·桃夭》"桃之夭夭,灼灼其华"。小朋友阅读了这些古文,理解了"华"的这个意思,以后学习"春华秋实"就不会写成"春'花'秋实"了。

最后,也许有的家长会问,小朋友多久就可以接受文本了?我的经验是,三次课而已!我给"世纪之星"幼儿园大班的小朋友上《山海经》课,一周一次,上到第三周的时候,一些基本的语汇、字词,大班的小朋友们就可以自主阅读出来。我们家长及老师千万不要低估孩子们的接受和学习能力!

《山海经·西次二经》中精怪蛮蛮图,学生作业

《山海经·西次四经》中精怪当扈图,学生作业

2.《山海经》多有趣啊

我之所以选择《山海经》为孩子做一个古文学习的启蒙,还因为《山海经》是非常非常有趣的经典。在这里小朋友们可以学到"一翼一目,相得乃飞"的

"蛮蛮"（见《山海经·西次二经》，蛮蛮是一种鸟，只有一个翅膀，一只眼睛，它们只有凑成一对才能飞翔，蛮蛮应该就是后来比翼鸟的前身）。

还有"以其髯飞"，即用胡子飞翔的"当扈"（《山海经·西次四经》）。

有些精怪还是中国古代文化历史中非常重要的角色，比如出现在《山海经·南次三经》中的"凤皇"（即凤凰）：

> 有鸟焉，其状如鸡，五采而文，名曰凤皇，首文曰德，翼文曰义，背文曰礼，膺文曰仁，腹文曰信。是鸟也，饮食自然，自歌自舞，见则天下安宁。

再比如出现在《山海经·南山一经》中的"玄龟"：

> 其中多玄龟，其状如龟而鸟首虺尾，其名曰旋龟，其音如判木，佩之不聋，可以为底。

我认为这种"鸟首虺尾"（鸟的头，毒蛇的尾巴）的"旋龟"（或"玄龟"）应该就是后世"西方玄武"（"蛇缠龟"的形象）的前身。

讲到这里的时候，我们就可以把古代的"四象"介绍给孩子们——"左青龙，右白虎，前朱雀，后玄

《山海经·南山一经》中精怪玄龟图，学生作业

四象瓦当

唐庄陵
唐敬宗李湛

玄武门
牝狮 张嘴 尾内卷 披鬣
牡狮 闭嘴 尾外卷 卷鬣
牝狮 张嘴 尾内卷 披鬣
尾外卷 张嘴 牝狮 披鬣
白虎门
青龙门
牡狮 闭嘴 尾内卷 卷鬣
牝狮 张嘴 尾内卷 卷鬣
披鬣 尾内卷 张嘴 牝狮
卷鬣 尾外卷 闭嘴 牡狮
朱雀门

图片由西安杨明老师提供，特此致谢

武"。了解了这个常识，未来孩子们去博物馆就可以看到许多熟悉的身影，比如四象瓦当，比如西安碑林博物馆里石棺四周的四象图案，参观唐陵的时候，可以看到以四象命名的四方大门，参观故宫的时候，可以看到故宫北门"神武门"，本来是"玄武门"，但是因为要避讳康熙帝"玄烨"的名讳，所以改为"神武门"（又可以顺便给孩子们讲一下中国古代文化中的避忌）。

  这么有趣的《山海经》，小朋友们是特别特别喜欢的！有一个家长曾经开心地告诉过我，她家的孩子学《山海经》第一个月的时候还有些懵，但是后来就越来越喜欢，听到《西游记》里讲"西王母"，宝宝就会大叫——我们在《山海经》里面学过西王母！听到"昆仑山"的时候，也会开心地说——我们在《山海经》里学过昆仑山！

3.《山海经》里的文化知识有很多

之所以选择《山海经》给小朋友们做一个"文"的启蒙，还因为《山海经》里面包含了太多的古代文化知识。除了大家熟知的《山海经》里面出现的那些非常著名的古代神话故事，如精卫填海、夸父逐日、巴蛇吞象外，这本书里面涉及的古代的文化知识真是太多太多了。这与《山海经》这本书的特点有关。《山海经》主要记述了上古时期中华大地和海外荒远之地的山川与国族，以及这些山川上的动植物、矿物、历史、风俗、神话传说等。所以，《山海经》是上古文化的百科全书，是地理志、博物志、民族志、民俗志。

比如，《山海经》里面记录了许多许多的山，但是其中绝大部分的山已经不知道是现在的哪一座了。但是，《山海经》中有极少几座山，在两千年后仍然沿用着它们最初的名字。我在上课的时候经常和小朋友们说，这些能够横跨两千多年仍然保留着自己原始名字的山，都是中国历史与文化中非常非常重要的山。比如《山海经·南次二经》里面出现的会稽山，现在在浙江省绍兴市内。会稽山是怎么得名的呢？我们考据历史发现，那是因为大禹治水平定天下之后，来到这里计算天下的贡赋，会计天下，大会诸侯，最后鞠躬尽瘁于此，后人为了纪念大禹，命名此山为"会稽山"。直到现在，浙江绍兴的会稽山上还有大禹陵在。

在《山海经》里讲到有关会稽山的故事，尤其是顺便介绍大禹的故事，就可以为孩子们未来阅读《史记·夏本纪》，学习历史等科目打下基础。

再举一个例子，如上面引文的第4段："其阳多赤金，其阴多白金"。这里就蕴含着一个非常重要的古代文化常识，即在地理的意义上，何谓"阳"，

在大禹陵举办的祭祀活动从秦汉开始绵延至今，在纪念大禹治水伟大功绩的同时，更传承了中华民族悠久的历史文明

何谓"阴"，请大家记住这个常识——"山南水北为阳，山北水南为阴"。所以"其阳多赤金，其阴多白金"的意思就是"这座山的南面有许多赤金，这座山的北面有许多白金"。我在上课的时候，一般会引申一下，比如会问小朋友"洛阳"这个城市，它应该是在洛水的哪个方向呢？"山南水北为阳"，所以"洛阳"这个城市就应该是在洛水的北面。另外，陕西省有一个县叫华阴县，那么它应该是在华山的哪个方向呢？对了，华阴县应该是在华山的北面。

  所以，我们在给孩子讲《山海经》的过程中，就可以把这些古代的知识，一点一滴地渗透给孩子们，让他们逐渐能够进入古文的世界，降低阅读古文的难度，并逐渐理解古人的智慧。

4. 国学会压抑孩子的想象力、创造力吗

很多国人都有一些先入为主的偏见，比如认为国学就是"填鸭式"的，会压抑孩子的想象力、创造力。每当遇到这样观点的时候，我就会推荐他们去读读《山海经》。

阅读《山海经》不可避免地会遇到许许多多的精怪。它们的存在打破了我们的认知。我经常会听到一些家长或孩子说："那是假的！"甚至有家长问我，为什么不讲一些实际存在于现实中的生物呢？（到底是谁在限制孩子们的想象力与创造力呢？）每当这个时候，我就会反问："小朋友为什么喜欢《西游记》？我们为什么不会在意孙悟空是不是实有其人呢？一个筋斗云十万八千里，可能吗！"

《山海经》里面的确有很多的精怪。我们该如何认识这些精怪呢？首先，书中的一些动物是确有其实的。比如《北次三经》里记载了一种动物叫"领胡"——

《山海经·北次三经》中记载的精怪领胡

瘤牛，原产于印度，为热带地区的特有牛种

> 有兽焉，其状如牛而赤尾，其颈䫏，其状如句瞿，其名曰领胡，其鸣自詨，食之已狂。

这种背部长着肉瘤的牛，我一开始也以为是一种想象出来的动物。可是等我到印度旅游，看到满大街溜达的都是这种牛的时候，我就知道"世界之大，无奇不

有"了。

再如，《山海经·西山一经》里面记载了一种"精怪"——"有鸟焉，其状如鸮，青羽赤喙，人舌能言"。大家可以猜出是哪种动物吗？不过是"鹦鹉"罢了。可是，如果鹦鹉灭绝了，可能我们就会觉得会说人话的鸟是不可能存在的。

其次，《山海经》里面的确记载了很多现实世界中人们没有看到过的"动物"，比如九条尾巴的狐狸，"一首而十身"的"何罗鱼"等。但是，当孩子学习《山海经》的时候，家长千万不要以"大人"或"现代人"的眼光，认为这些是"荒谬"的，甚至是"可怕"的，更不能传达给孩子这样的"理念"。相反，家长可以说："哇！真有意思！这是什么？"

那么学习这些精怪有什么意义呢？

首先，中国古代有非常深厚的"志怪"传统。学习《山海经》将为孩子以后阅读这些作品，如《搜神记》《子不语》《西游记》《聊斋志异》《镜花缘》等书打下基础。

其次，德国思想家谢林（Schelling）曾经提问："什么东西构成为民族性？什么是民族真正的起源？"他给出的答案是——**"语言与神话"**。这些山精海怪，其实都是先民奇幻的思维，是对宇宙万物以及我们生存的这个世界的理解与想象，非常有助于让孩子们能够从源头处理解我们文化的根本特征。比如"精卫填海""夸父逐日""刑天舞干戚"都表达了先民不屈的意志。"盘古开天辟地"，盘古最后以自己的身躯化为后代子民生存的这个意义世界——"气成风云，声为雷霆，左眼为日，右眼为月，四肢五体为四极五岳，血液为江河，筋脉为地里，肌肤为田土"。这样的表达不也揭示出我们文化中对祖先的推崇与深切感情吗？

三只脚的乌鸦驮着太阳从天空飞过；月亮里面有一只捣药的玉兔和一只

大蟾蜍；在太阳升起的地方有一棵扶桑树，是太阳们的家；西方有一个汤谷，太阳在里面洗澡；神帝江长得像一个大黄囊，没有五官，只有六足四翼，却会唱歌跳舞；穿胸国的人胸前有一个大洞，他们坐轿子的时候，就把竹竿从大洞里面穿过去，然后让两个人抬着……

以这些奇诡的文字培养孩子的想象力与创造力，同时让他们认识到人类认知的有限，不也是一种培养他们的"好奇心"与"开阔思维"的绝妙方法吗？

传说当年禹平定天下后，在会稽山大会诸侯。结果防风氏的首领迟到，被大禹处死。后大禹出外巡视，途经防风国，两个当地人为了替自己的首领报仇，举箭射向大禹。虽然没有射中，但是两人害怕被报复，就各自拿刀捅入心脏，自杀而死。禹哀怜这两人对本国国君的一片忠心，便叫人用不死之草把他们救活了。但这两个人身上都留下了一个穿透胸膛的大洞。后来，他们生下的子孙后代也都在胸部有一个大洞。这就是穿胸国的由来

四、《山海经》怎么教怎么学

市面上《山海经》的版本很多，基本上都大同小异。不过，在质量和装帧上，还是有一些细微的差异，所以我推荐商务印书馆的冯国超先生注释的版本。这个版本的好处是有注释，较难的生字生词都有注音，《山海经》里提到的精怪，在书里都有古代的配图，阅读起来很是方便、有趣。那拿到书之后，怎么学习呢？

1. 文本：带着孩子"指读"

前面我已经讲过，《山海经》这本书是为了带领着孩子们进入古文的世界，也是孩子们识字的读本。所以家长在家里带着孩子一起学习这本书的时候，可以使用"指读"的方法——家长带着孩子用手指指着文本，一字一字地阅读。这种方式贵在坚持，就像我前面讲到的，读得多了，那些常用的字词，孩子们就会慢慢认识。

在"指读"的过程中，遇到一些古文的表述或生字生词，比如"焉""豚""砥砺""见"等，家长都可以根据文本中的注释适当地选择那些常用的古文字词给孩子讲解一下。不求孩子一下子就可以记住，但是反复出现几次之后，孩子就可以非常容易地记住并理解。

另外,"指读"的时候,如果孩子年龄小,坐不住,家长可以把孩子抱在怀里"指读"。我接触过一些小朋友,他们太过活泼好动,注意力无法集中在一件事情上超过 3 分钟,那么这样下去,上小学的时候就会特别麻烦。怎么办呢?我通常会建议家长把孩子抱在怀里,一起读书。这样的形式,一方面让孩子感觉到父母的爱,一方面也是对他的一种无形的约束,强迫他在这 10 分钟之内读完经典的内容。一开始也许孩子还坐不住,但是家长的怀抱对他是一种限制,这种限制又是一种爱的约束,所以只要家长坚持,孩子通常会慢慢安静下来,按照家长的节奏跟上来,久而久之,孩子的专注力就上去了。

如果孩子年龄较大,可以坐得住,家长不妨同时买两本书,家长一本,孩子一本,两个人一起坐在桌子前,营造出一种"共学",而不是单边"灌输""教育"的环境,通常是更容易得到孩子认可的学习方式。

2. 配图的使用

在学习《山海经》的过程中,书里面的配图,不仅仅只有"配图"这一个功能。比如,讲到獙狚这个精怪的时候,书里面介绍它的形象是"其状如羊,九尾四耳,其目在背"。家长就可以让小朋友们"数一数",看看图上画的精怪是不是"九个尾巴""四只耳朵",再"找一找",看看它的眼睛在哪里。

家长还可以和孩子们一起看一看书里面的配图和文本的表述是否一致。这就是"图文对读"法。这种对读可以让孩子更好地理解文本的字句,更能引起孩子学习的兴趣。很多时候,孩子们对于给别人挑错是非常"热心"的。这种行为在生活中不那么受欢迎,但是在学习的过程中,却是非常好的学习方法。例如,《北山一经》中的 3.2 条介绍了一种叫"水马"的精怪,文字部分的说明是:"其中多水马,其状如马,文臂牛尾,其音如呼。"这时候,我们就可以和孩子一起来看看这个配图里所画的"水马"是不是真的符合"文本"的描述。首先,"其状如马"没有问题,但是"文臂"就不对了。对于"四足"动物来说,两个前肢就是它们的"臂","水马"应该是"文臂",就是有花纹的前肢,但是很明显,书上的配图里,水马的前肢是光洁无花纹的。这个时候我们就可以让孩子给配图的水马的两个"前肢"画上花纹。至于画出什么样的"花纹",让小朋友们发挥想象就好了。接着读,"牛尾"。我们看,配图又错了,配图上水马的尾巴很明显是"马尾",这个时候家长就可以引导小朋友们回忆一下生活中或者图片上见过的牛的尾巴长什么样子。哦,原来马尾巴是"散的",而牛尾巴是"一根"。这个时候就可以让小朋友们在配图上把水马的尾巴修改一下。通过这样的教学,我们不但加强了孩子们对文本的恰切理解,同时也训练了他们的观察能力、对比能力。而这些能力的养成必将对他们未来的学习生活提供助力。

其实,关于《山海经》里的精怪到底应该长什么样子,家长完全可以放手让孩子自己"画一画"。我在教《山海经》的过程中,给孩子们留的作业也是"画一画"。家长可以指定一个重要的精怪,或者让孩子选择一个自己喜欢的精怪"画一画"。这

狰狌(bó yí)是古代中国神话传说中一种样子像羊的怪兽,它有九条尾巴和四只耳朵,眼睛长在背上。有人说取它的皮披在身上,就能够不知畏惧

水马图,选自绘于明代的《三才图会》

学生画的"刑天舞干戚",给刑天加上了胡子

样,孩子在完成作业的时候,需要再去核对一遍文本的表述,然后对于文本当中没有提到的部分,如颜色、花纹、周边环境等,就必须运用自己的想象力与创造力了。

3. 和孩子一起画地图

《山海经》本应该"有图有文"。陶渊明在《读山海经》一诗中说:"泛览《周王传》,流观《山海图》。"这里的"图"指的应该就是《山海经》所配有的"地图"。很多《山海经》里面的文字也表明,《山海经》很可能是一张地图的说明。例如,《海内北经》12.5条说:"犬封国曰犬戎国,状如犬。有一女子,方跪进柸食。"所谓"方"就是"正在",这是很明显的解说图画的文字。

根据陶渊明的诗,我们可以知道,这份地图在他的时代应该还可以见到。后来,大概是由于复制的困难,《山海经》的文字所依据的"地图"失传,唯有解释"地图"的文字保存了下来。

所以在讲授《山海经》的课堂上,我通常会和孩子们一起完成一个非常有意思的任务,就是根据"文字"画出一张"山海图"(地图)出来。我会和他们说,《山海经》是一本带领着我们穿越时空,到古代的世界去旅行的书。为了做好准备,我们需要先根据《山海经》把这个古代世界的地图画出来。

第一辑　蒙学阶段:好奇心与热爱

哪里有精怪，哪里有大山大河，我们都需要提前了解。

让孩子们画地图，就需要他们首先了解地图的方位：上北下南，左西右东。在画地图的过程中，逐渐熟练地掌握以后学习地理用到的基本方位。这种"画地图"的学习方法，不仅仅是吸引孩子学习《山海经》的一种手段，更是一种读书方法的训练，有一点类似于今天的各种"导图"。但不是"思维"导图，而是"阅读导图"，是简洁化文字，抓住文本结构的一种读书法（具体论述参见高阶阶段部分）。家长可以和孩子一起动手"玩"起来！

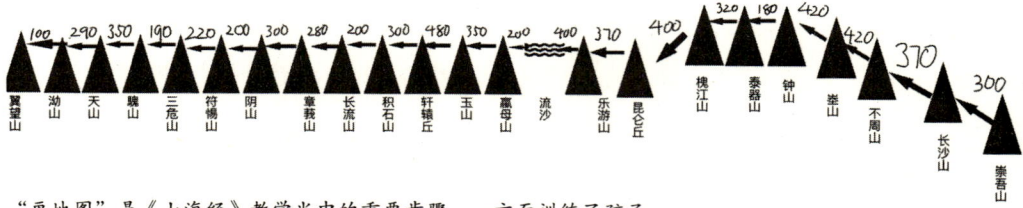

画地图

北 / 东北 / 东 / 东南 / 南 / 西南 / 西 / 西北

翼望山 100 泑山 290 天山 350 䴅山 190 三危山 220 符惕 200 阴山 300 章莪山 280 长流山 200 积石山 300 轩辕丘 480 玉山 350 嬴母山 200 流沙 400 乐游山 370 昆仑丘 400 槐江山 320 泰器山 180 钟山 420 崇山 不周山 420 长沙山 370 崇吾山 300

"画地图"是《山海经》教学当中的重要步骤，一方面训练了孩子们的方位感，阅读文本的能力，加强了他们的兴趣，另一方面也训练了他们将文字图表化、简约化的学习能力

4. 学习《海经》的时候对读《镜花缘》

《山海经》学习到《海经》部分的时候，文字上会显得有一点简单，但是这一部分恰恰是文化内容更为丰富的部分。

首先，中国文学志怪系统中的"海外三十六国"就是以《山海经》的文本为基础的。家长可以搜索一下"海外三十六国"都有哪些，分别出现在《山海经·海经》的哪个部分，一边读书，一边让孩子们总结。

海外三十六国中，有很多我们熟悉的国度，比如"女子国"（《海外西经》7.15），就是后来出现在《西游记》中的"女儿国"。除了"女子国"外，还有"君子国"（《海外东经》9.5）；有"巨人国"（《海外东经》9.3、《海内经》18.17），还有好几个"小人国"（《大荒东经》14.5、《大荒南经》15.29）；有"不寿者八百岁"的"轩辕国"（《海外西经》7.17），还有"不死民"（不死国，《海外南经》6.16）；有国民只有一只眼睛的"一目国"（《海外北经》8.4），也有国民浑身长毛的"毛民国"（《海外东经》9.14）……

在阅读《海经》的时候，为了增加趣味性，家长们还可以同时带着孩子阅读《镜花缘》里的相关章节。比如《海外南经》6.22记录了国民胳膊都很长的"长臂国"，《海外西经》7.22记录了国民腿特别长的"长股国"。《镜花缘》就根据《山海经》里面的表述演绎出一大篇有趣的文字：

> 只听那边长臂国王向长股国王道："小弟同王兄凑起来，却是好好一个渔翁。"长股国王道："王兄此话怎讲？"长臂国王道："王兄腿长两丈，小弟臂长两丈。若到海中取鱼，王兄将我驮在肩上：你的腿长，可以不怕水漫，我的臂长，可以深处取鱼；岂非绝好渔翁么？"长股国王道："把你驮在肩上，虽可取鱼；但你一时撒起尿来，小弟却朝何处躲呢？"（第三十九回）

在学习《海经》的同时阅读《镜花缘》，一方面是为了增加学习的趣味性，另一方面还有引导孩子向更难的阅读材料过渡的目的。更为重要的是，孩子们可以看到，在《山海经》中极为简单的记录，通过想象，就可以敷演出一大篇有趣的文字，而且还有很多"不走寻常路"的解读。比如《镜花缘》中对于"女子国"的描写，就不是一个只有女子的国度，而是一个"女权国度"。在那个国家里，男子要穿耳，涂脂抹粉，在家里做家务，还要缠足，而且让小说中的主人公（男性）尝了尝缠足的痛苦，可以说是对当时"男权社会"迫害女性的反思之作，非常有意思。

其实，《山海经》的学习可以有很多种形式展开。比如刚才提到的"数一数"环节，对于低幼年龄的小朋友就特别有效。谁说学习语文的同时不能顺便学学数学呢？另外，低幼年龄的小朋友都特别喜欢贴画，在我让他们画地图的时候，因为有一些山的名字写起来比较难，我就会事先写在小贴纸上，他们画地图的时候就分发给他们，因此小朋友就特别喜欢"画地图"这个环节。

如果孩子是四、五年级才阅读《山海经》，估计他们就会不屑于画地图这个环节了。这个时候就需要用知识征服他们。《山海经》里面的《大荒东经》记载了七处"日月之所出"之山，相应的，《大荒西经》记载了七处"日月之所入"之山。根据最新的研究成果，这七对日月所出入之山就是古人对一年十二个月的天文观察所得，与陶寺遗址出土的天文观象台是同一个原理。所以，《海经》很有可能是古人的"天书"啊！

五、为什么不读读中国的绘本

一直有家长问我：老师，除了《诗经》《山海经》这些要认真学习的书之外，如果想让小一点的孩子读点中国的东西，读什么啊？是啊，读点什么呢？西方的绘本已经很丰富了，进阶阅读也做得不错，可是到了中国这里，除了背背唐诗，家长简直完全想不出来可以让小朋友读什么。现在市场上虽然有一些零星的神话故事，一些节气介绍，一些历史故事，但既没有形成系统，也没有"然后"。在"绘本"之后，我们应该让小朋友们读一些什么课外书呢？在这里，我可以分享一下我的教育经验与建议——

看看中国的绘本

什么？中国的绘本，什么是中国的绘本，有做得好的中国的绘本吗？

哈哈，我所谓的"中国的绘本"就是"小儿书"啊！

从《西游记》开始，到《水浒传》《说岳全传》《说唐》《杨家将》《隋唐演义》……从我家小朋友3岁开始，她的爸爸就每天和她一起读这些"中国的绘本"了。有一次我带她打车，在车上和她闲聊。她突然说："妈妈我考您一个问题——四大名著里哪两部有'铁索连环船'啊？"开车的司机听到

孙悟空三打白骨精

武松打虎

了，特别惊讶，这么个小豆子（当时 5 岁）竟然可以问出这样的问题。所以，小朋友是可以理解这些书里面的情节的。

从我专业的角度来讲，中国的大部分古典"小说"都有"羽翼经史"的传统。中国经史的文本相对来说比较繁难，但是为了起到教育百姓的作用，"小说"将经史的价值观（当然很多时候需要分疏）融入"故事"中，"寓教于乐"，成为教育百姓最为合适的手段。刘献廷在《广阳杂记》卷二写道：

> 余观世之小人未有不好唱歌看戏者，此性天中之《诗》与《乐》也；未有不看小说听说书者，此性天中之《书》与《春秋》也；未有不信占卜祀鬼神者，此性天中之《易》与《礼》也。圣人六经之教，原本人情。

而小朋友的认知大概和古代未受教育的民众差不多，所以这些章回小说是非常适合作为小朋友理解中国文化的入门书的。

而且，对于我来说，这些连环画里的图画，源自于中国本土的绘画传统，很多都是这些小说古代版本中的"绣像"（插图、配图），是中国式的图像表达。就像读书，我们应该中西并进一样，对于绘画语言的学习，孩子们也应该在外国绘本之外，了解中国艺术的表达方式。在当前的中国艺术研究中，古典小说中的"绣像"研究，已经成为一门"显学"，大家不妨让孩子在小的时候有所了解。另外，小朋友们在看中国绘本的时候，"看图说话"的能力自然就训练出来了。

六、在蒙学阶段家长辅导国学的几个要点

1. 和孩子一起喜爱和成长

孩子是家长的投影。如果想让孩子爱上一样事物，家长首先要自己喜欢这样事物。如果想让孩子爱上《诗经》，家长一定要先喜欢《诗经》。这虽然对家长提出了很高的要求，但是这是引领孩子成长的最好方式。我自己的经验就是如此。在我家宝宝两三岁的时候，有一天我靠在床上看《诗经》，她在旁边跑来跑去，看我没怎么理她，就跑到我跟前问：

"妈妈您在看什么？"

"妈妈在读《诗经》啊。"

"《诗经》是什么啊？"

于是，我给她读了一首《鹿鸣》，简单地告诉她，这首诗是说家里来了客人，很开心的意思。不知道到底是什么吸引了孩子，也许是美好的音韵，也许是看到妈妈的喜爱，结果就是，后来每晚睡觉前，她都要求我给她读一首《诗经》中的作品。我们就是这样开启了学习《诗经》的道路。

《诗经》是美好的！这种美好属于永恒！在我们家长自己成长的过程中，

大多没有接触过正规的国学教育。那么，为什么不借助这个机会，和孩子一起二次成长呢！

2. 辅导孩子的几个心得

(1) 固定时间固定学习，养成学习规律

除了我之前提到的，蒙学阶段主要以养成孩子对知识的"好奇心"与"热爱"为主外，蒙学阶段另一个重要的教育目标就是——为孩子养成良好的学习习惯。

我前面提到过，家长可以根据孩子的作息，在一天中，找到一段恰当的时间并固定下来，作为孩子诵读国学经典的学习时间。重点是"固定"，比如早晨洗漱后早饭前，或者睡觉前等。这样做的好处是养成有规律并持之以恒的学习习惯。

(2) 让孩子做老师

在我教小朋友们读国学经典的过程中，总是有一些好学的家长要求和孩子一起听课。他们说，并不是想监督孩子，而是自己在成长的过程中缺失了这部分内容，现在自己又特别感兴趣，所以也想跟着学。我其实特别理解这些家长的心情。不过，有家长在的课堂，孩子的学习状态是不一样的，为了孩子们能聚精会神地学习，家长需要回避。但是，我给他们出了一个主意，每次上完课之后回到家里，家长都可以"示弱"，请孩子给自己当老师，让孩子把每次学到的知识给家长讲授一遍。比如，家长可以和孩子这样说："哇，这个好有趣啊。可惜，爸爸在你这么大的时候没机会学。宝贝，爸爸请你当老师，你给爸爸讲一讲好不好？"或者，妈妈也可以这样和孩子"虚心求教"一下。这样不但让孩子复习了所学内容，激发起孩子的求知欲，还可以侧面检查孩子的学习效果，同时还可以训练孩子的口头表达能力。

(3) 游戏之中学国学

在蒙学阶段，如果可以在比较轻松的氛围中学习国学，是非常有利于实现我们在此阶段的教育目标的。比如，家长可以和孩子一起画一画《诗经》中的名物、《山海经》里面的精怪，可以和孩子一起玩一玩《诗经》诵读（背诵）接龙等游戏（妈妈一句，爸爸一句，宝宝一句），既陪伴了孩子，又有效地复习了学习的内容，应该是非常好的辅助方法。

记得我带着孩子读《大学》的时候，她读到"人之其所亲爱而辟焉，之其所贱恶而辟焉，之其所畏敬而辟焉，之其所哀矜而辟焉，之其所敖惰而辟焉"的时候，"辟"字大概让她想到了"屁"，于是每次读到这里，她都会拉长声调"人之其所亲爱而辟——焉"，然后大笑起来。而我也并不会批评她不严肃，而是会和她一起哈哈大笑，笑着说她——"低级趣味、低级趣味"！然后她就会笑得更大声，但是却从来没有排斥过读《大学》这么难的典籍。

(4) 找到志同道合的小伙伴

学习，对小朋友来说，往往是一堆小伙伴大家摽着劲儿一起学习，是最有效的方式。"志同道合"这个词用到孩子们身上特别有意义。而且，儒学的思想会养成孩子们温厚的性格，从小给自家的宝贝找到这样一些共学的孩子和朋友，不也是非常幸运的事情吗？而且，在共学的过程中，孩子们可以相互促进、互相答疑解惑，还能锻炼交往能力，所以找到三五好友一起读书，永远是人生最幸福的事情之一。

3. 记诵的意义

在国学教育中，最经常被人诟病的问题就是我们传统的学习方式是强调"记诵"的。受到西方强调"创新"思维的影响，"记诵"常常被与"填鸭"画等号，认为影响了孩子们的"创新"思维，因而受到许多人的批评。那么，

"记诵"到底有没有意义呢?"记诵"的学习方式真的阻碍了孩子们的创新思考吗?我认为不是这样的。记诵有许多好处,对孩子的学习成长非常重要。

(1) 记诵会提升孩子的记忆力

"记诵",一个最为明显的好处是可以提升孩子的"记忆力",而"记忆力"是一个人学习、生活的基本能力。

举一个我自己孩子的例子:我对孩子的教育一开始是偏重于母语,偏重于国学的,所以在孩子上小学之前,我从没教过孩子英语,更没有报任何英语的培训班。上了幼儿园之后,学校开始教一些英语,比如——A,ant;B,boy;C,cat……有一天去接孩子,老师说:"乐乐妈妈您先留一下,我一会儿和您说说话。"我当时心里"咯噔"一下,难道宝贝闯祸了?老师送走所有的孩子后,就过来问我:"乐乐妈妈,您在家里是怎么教孩子的啊?"我问怎么了。老师说,他们已经教完了 26 个字母以及相应的单词,今天做了一个小测试,发现全班同学里,只有乐乐记住了所有的字母和单词,所以问问我是怎么教的。我当时很尴尬地回应道:"我们在家里从来没有教过乐乐英语……"回去的路上,我一再想这个问题,后来猜想,大概是因为我教她诵读《诗经》《大学》《论语》,无形中加强了她的记忆力,而这种能力是可以用在各科学习上的。

我常常听见理工科的学生说,当年就是因为记忆力不好,背不下文科的那么多知识点,才选择理工科的。我们生活在这个世界上,总是希望自己拥有更多的选择权,而不是被动地不得不接受一条生活道路。在选择自己未来职业方向的时候也是一样,如果记忆力是一个孩子的短板,那么他(她)的选择就会受到许多限制。

即使我们的孩子选择理工科,他们仍然需要考语文,仍然需要对历史有基本的掌握和理解,仍然需要背英语单词,借助英语(或其他外语)有基本的国际视野。这些是作为一个完整的受过高等教育的人不可或缺的能力。况且，哪怕是理工科，也要记住数学公式、物理公式、化学元素周期表等等内容。所以，从小养成其"记忆力"的强大是给孩子创造一个积极的可把控的未来的基础。

而且，我们生活在一个资讯特别发达的时代，哪怕在生活中，记忆力都是如此的重要：扩展市场的时候，不会因为"脸盲症"而尴尬；同学聚会的时候，可以顺利地喊出小学同学的名字……

说得诗意一点，"记忆力"还是我们生活在这个世界上的一个证明。那些已经远去，但是却在我们生命中留下印迹的人和事，都要靠着"记忆力"才能成为我们生命中不可缺省的部分，才能构成一个丰富的生命，让我们老的时候可以有所回味。

那么，通过"记诵"培养孩子"记忆力"的方法是什么呢？我的原则是"熟读成诵"。如果是四五岁小朋友的家长，可以把经典划分成100字左右的段落，每天读一个段落1—2遍（一般都是10分钟之内完成），然后坚持10天，这样的话，小朋友自然就会背了。所以，千万不要强迫孩子背，那样会造成逆反心理，让孩子觉得难。孩子会背之后，过了几天大概又会忘记，那就再读几遍。

(2) 记诵可以培养专注力

"记诵"的另外一个好处是可以培养孩子们的"专注力"。许多家长其实都知道"专注力"是孩子们进入学校学习知识最为重要的能力之一。许多孩子专注度不够，上课的时候别人听到90%，他们却只能听到40%，长此以往，孩子的学习怎么会好呢！于是，很多家长会选择让小朋友涂色，培养其专注力。但是，他们不知道的是，国学的"记诵"也是一种培养"专注力"的好方法。

举一个例子，我家宝贝四五岁的时候，和我一起诵读《大学》，那时她还不太认识里面的字，更不能理解里面的意思，但是几周之后，她却能在十几分钟之内，从头一直往下读（或背诵）《大学》的内容。这样的诵读当然需要她能够"坐得住"并"专注地"做"读书"这件事。这样的训练当然有助于锻炼出良好的专注力。

(3) 思而不学则殆

我们今天对"创新思维"的推崇已经到了过分的程度，什么"头脑风暴"之类的词汇充斥着社会，令人感到极为荒诞。如果大脑里空空如也，这样"头脑风暴"出来的念头或想法是可怕的，是不合理的，如果真的付诸实施，恐怕会以悲剧收场。孔子讲"学而不思则罔，思而不学则殆"，"殆"（危险）是比"罔"（迷惑）更危险的情况。

我们都知道"读书破万卷，下笔如有神"的道理，也知道"熟读唐诗三百首，不会作诗也会吟"的道理。这些充满智慧的话，其实都在说明一个问题，那就是，任何的创造都要以一定的积累为基础。即使是理工科，也要以前人的知识为基础，即使写科幻小说，也只能是"合理"地幻想。

在孩子还不太能明白意思的情况下，让其记诵一些经典的内容，并不是"填鸭"，而是要在他们的内心给他们一些储备。中国的学问特别讲究体会，这些体会不是说非要等到孩子们18岁成年了，再让他们去学习再让他们去思考。我们为什么会给小朋友讲"孔融让梨"的故事呢？就是因为经典中讲的一些道理，他们在生活中耳濡目染就能逐渐明白。那些不太明白的地方，在他们成长的过程中，随着他们人生阅历的丰富，就会在某一个特殊的时刻，突然之间与自己曾经记诵过的内容相印证，从而获得一种生命的提升。

所以，放心地让孩子们去"记诵"经典吧！用"经典"去填充他们那么旺盛的精力，那么好的记忆力。给他们未来的学习生涯奠定良好的学习习惯与能力，是我们家长所能给予孩子们的宝贵的财富！

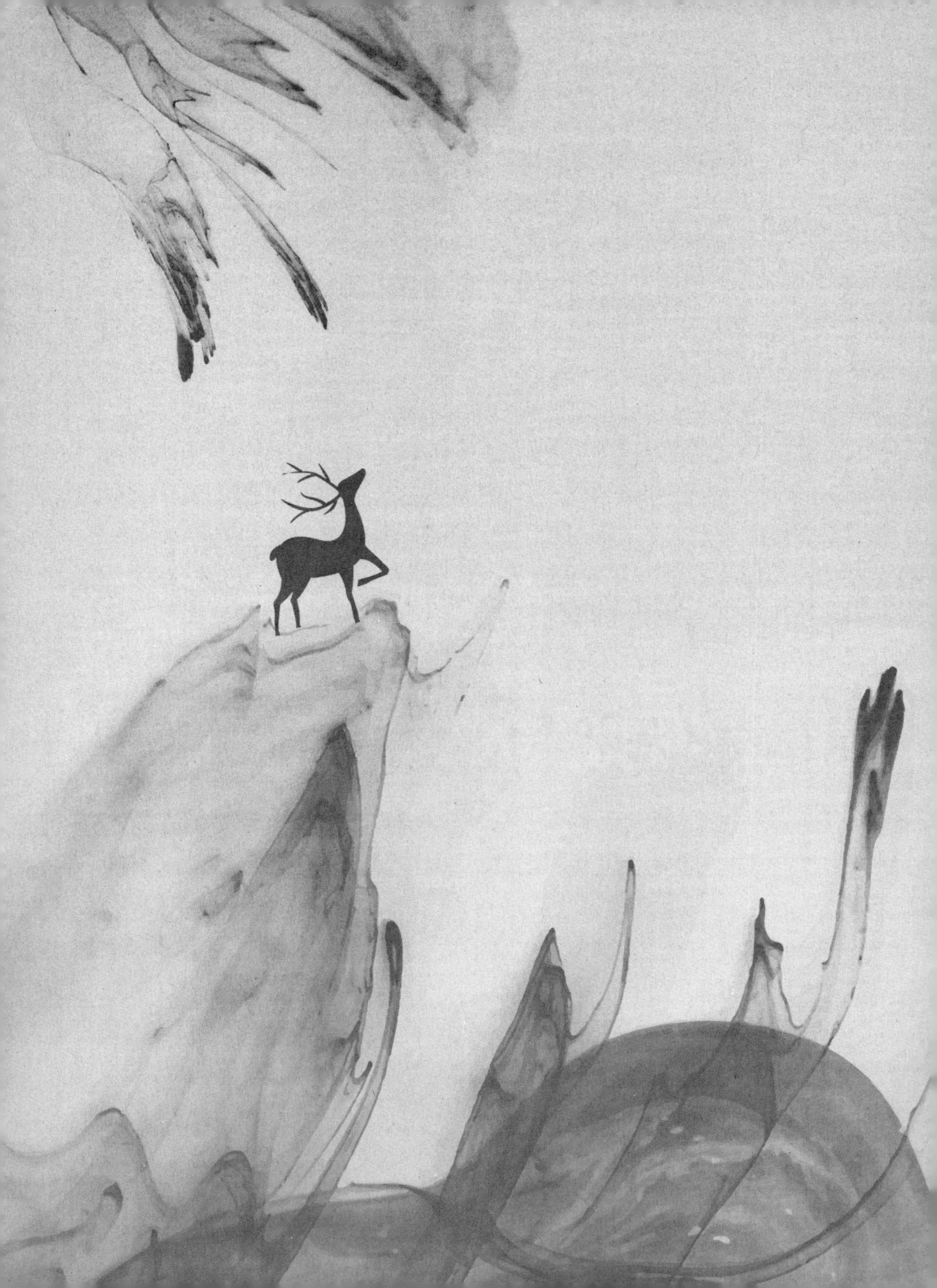

第二辑
进阶阶段：阅读，还是阅读

如果孩子在蒙学阶段可以很好地培养出对知识的"好奇心"与"热爱"，那么在进阶阶段，也就是孩子的三到四、五年级这个阶段，就可以进一步以养成他们良好的阅读能力为教育的主要目标。阅读能力是孩子学习一切知识的基础，包括现在的数学应用题，都需要特别强大的阅读能力、思考能力与逻辑分析能力来支撑。

培养孩子的阅读能力可以分为三步走：

蒙学阶段，以培养孩子的好奇心与对知识的热爱为主；
进阶阶段，要培养孩子阅读的广度和速度；
高阶阶段，要培养孩子阅读的深度与思辨力。

蒙学阶段可以说是"动力"养成阶段，进阶阶段可以说是"泛读"阶段，而高阶阶段应该是"精读"阶段。

这里我们只谈一下进阶阶段的"泛读"问题。

所谓"泛读"，可不是什么书都能读。进阶年龄段的小朋友的特点是开始逐步形成自己的世界观。这个时候，如果小朋友很喜欢阅读，什么书都看，家长往往是暗自庆幸或欣欣然有喜色的。但是，如果给小朋友提供的书目不加别择，到了他们高年级的时候，问题就会出现。我教过一个小姑娘，跟我读书的时候已经是五年级了。一开始她很出色，因为很明显她之前有过大量的阅读。但是慢慢地，问题就出现了，上课抢话，急于向别人展示她的"博学"，尤其是在价值观上，对"德行"几无信心，反而崇尚"诈""力"之谋。比如，在学习《古文观止》的时候，她就认为国君喜欢哪个儿子就可以立哪个儿子为世子继位，认为郑庄公（郑伯克段于鄢）一点问题都没有，做了他应该做的事，等等。后来和她的父母沟通（她父母也已经发现了她强辩的问题），原来她之前读了很多描写战争、谋士的书，比如《三国演义》等。她自己也比较喜欢"纵横家"。这样就让她过早地接触了一些社会的尔虞我诈，而"聪明"的学生，年龄小的时候往往会被这些历史上的"小聪明"所吸引，希望可以通过"模仿"而成"一时之功业"（哪怕是周围生活中小小的肯定和虚荣）。当然，孩子问题暴露得比较早，而且孩子的本质是很好的，阅读能力、理解能力也强，所以善加引导，相信在不久的将来，这个姑娘可以慢慢解决这个问题。其实，有这个问题的孩子不是一个两个。小孩子太容易自以为"成熟"，认为掌握了社会的"密码"，而怀揣着一个很"社会"的心态。我之前带的一个学生，一开始也有这样的问题。后来他妈妈回忆，大概孩子是从天天送他上学的司机处得到了一些不那么积极的价值观的灌输。所以，家长在孩子的教育上真的是不可以不慎重啊。

那我所谓之"泛读"到底应该怎么读呢？首先是要根据孩子的兴趣，不限定学科地阅读。比如我的小侄女喜欢科学，有关动物的那些图书常常看得津津有味。她奶奶就很苦恼，问我是不是应该让她多看一些"作文选"。我当时就哑然失笑，科学书的阅读也是阅读啊。除了上面提到的那些诈谋之书，或者价值观不好的书外，其实这个年龄段的孩子的阅读可以随着他们的兴趣展开。喜欢故事的看故事，喜欢科学的看科学，喜欢传记的看传记，喜欢童话的看童话。当然，家长还是需要有意识地引导孩子的阅读兴趣广泛一些。另外，这个阶段的阅读需要孩子彻底离开绘本，进入纯文字的阅读了。

最后提醒大家两点关于读书，尤其是读国学经典的基本原则，就是——

不看节选本，不看白话译本

一部真正的"经典"就像一个完整的人一样，应该是血脉贯通的。无论是语文课本上的课文，还是所谓大语文的选目，本质上都是囿于时间的有限，不得不采取的"截肢"行为。但是，如果我们只看到一只"胳膊"，或一条"大腿"，是不能真正领略一个血脉贯通的"完整"的"智者"的魅力的。只读《刘姥姥进大观园》能领略《红楼梦》的整体美和整体思想吗？不能！而且，学习那些片段，总是无法给孩子建立"读书"的感觉。读全本，才是"读书"（当然，大部头的著作可以选择适当的"选本"）。孩子的时间虽然紧张，但是大学之前的学校教育毕竟还有12年的时间，还是可以让孩子从容读一些大部头的著作。孩子啃完几本大部头，他对自己阅读的自信心以及自己的文化信心是不一样的。"腹有诗书气自华"，这个"诗书"可不是由一些"片段"组成的。如果只是读一些片段的东西，就像凤姐说自己读《故事会》就是读书人一样可笑。

学国学经典，读原文，可以找有注解的版本，但是我绝不推荐孩子们去读单纯的白话译本。这一点，我前面已经提到过。学习语言，不能总是想着翻译成自己熟悉的语言，而是应该努力习惯用该语言直接阅读、思考。何况，对比一下"古文原文"和"白话文译文"，哪种文字更为优雅洗练是不言自明的。"古文"读不懂可以学，如果胃口败坏掉了，就不好挽救了。

一、唐诗怎么学

在蒙学阶段的《诗经》学完之后,"诗"这一部分的国学教育应该进入"唐诗"的阶段。虽然,按照文学史的发展脉络,《诗经》后面应该接着读《楚辞》或者汉魏六朝诗,但是我觉得文学史的脉络不一定是适合儿童国学教育的教法。为什么要跳过《楚辞》和汉魏六朝诗,直接教唐诗呢?因为汉魏六朝时期多丧乱之作,《楚辞》的色彩也大多不是很明快,对于教育小朋友来说,还是不太适合(比如婉约派的悲伤底色的宋词就不适合孩子太早学习)。而唐诗正相反,多气势恢宏阔大、气韵生动清新的作品,是非常适合"养正"的教育材料。

语文课本里唐诗的选目常常是互相没有联系的。所以,如果孩子课外有时间,我们可以采取两种学习唐诗的方法。

第一种就是读《唐诗三百首》,家长可以找两个不同的版本,和孩子一起对读。一首一首地读下来,你的书里面对这首诗是怎么讲的,我的书里面对这首诗是怎么讲的,看看有什么不一样的地方,有什么是可以互相补充说明的地方。

第二种读法,就是一个作家一个作家地读,当然可以挑选该作家的选本,比如三年级上学期读李白的诗选,三年级下学期读王维的诗选,四年级上学期读白居易的诗选，四年级下学期读杜甫的诗选，等等。之所以一个学期选读一家，是希望我们能带着孩子以一种半研究的态度来学习诗歌，如果家长可以按照作者的生平，把他的诗歌作品串起来读，就会更有意思。

这样的读法会给孩子一个新的视角去学习理解和归纳总结自己接触到的篇目，还能够弥补校内重诗意轻诗人的缺憾。当然，这样的读书方式，会受到家长和孩子们的学习时间、背景知识、情感理解以及思考探索能力等方面的影响，而且短期内不会看出立竿见影的学习效果。但是，如果家长以一个比较宽松的心态来看待这个问题，对孩子在低年级阶段进行浸润式的学习比较有耐心，就可以在应试课程之外，给孩子一些能够延展的阅读。至于效果，我想随着孩子们年龄的增长，积累的增多，会自然而然地显现出来。

最后说一下，唐诗的学习可以将我的第一种方法和第二种方法结合起来。因为，需要集中阅读的作者并不多，但是唐诗作品中有大量的、零散的但是也非常出色的作品需要孩子们掌握。因此，先读前面提到的四家，最后用《唐诗三百首》查漏补缺也是非常不错的学习方法。

二、《山海经》之后《论语》之前读什么

在蒙学阶段"文"的学习部分,我给大家推荐了《山海经》。在进阶阶段,孩子应该读一些什么书呢?按照我的教学计划,《山海经》两个学年可以读完,也就是说可以利用一、二年级的课余时间读完。但是三年级学习《论语》似乎又太早了(见《论语》的部分)。这中间让孩子们读什么书呢?我又开始在家里的书架爬上爬下地翻书了。终于,让我找到了一个合适的文本——袁珂先生的《古神话选释》。

有家长和我反馈,语文课本里也有神话故事。在这里我要强调的是,语文课本里面的现代文神话,都是基于这些古代典籍的记录而整理出来的。还是我之前强调的,古文原文比翻译更为精彩和丰富。课文中的白话神话是当故事讲的,而带着孩子学习《古神话选释》却有诸多的好处:

第一,"神话"的主题与《山海经》有衔接,可以让孩子们更为系统地了解、总结中国古代的神话系统,

袁珂是中国著名的研究神话的学者。《古神话选释》是袁珂先生编写的一部以神话人物为核心,将古籍中有关此人物的文献搜集整理在一起,并加以解读的作品。通过这本书,我们可以对这些神话人物有一个比较全面的理解

为以后的中国文学阅读打下基础（参见《山海经》的部分）。

第二，该书将古代典籍中有关某一个神话人物的故事摘录收集在一起，古文阅读难度适中，可以为孩子们将来的古文阅读打下基础。

也许有的家长不相信三年级的孩子可以读这种难度的古文。但是我可以很负责任地告诉您，孩子们在学完《山海经》之后，学习《古神话选释》是没有任何问题的。这个结论是经过我实际教学检验的。其实，我第一次给孩子们上《古神话选释》这门课的时候，心里也有点打鼓，孩子们可以接受吗？会不会太难？结果是，我准备的第一节课的内容差一点不够！孩子们领悟得非常好，超乎想象！所以，不要低估孩子们的学习能力。

第三，《古神话选释》仍然以"故事"为主线。从古文的阅读难度上来说，《论语》的字词难度会比《古神话选释》低，但是《论语》的学习要求更高的思辨能力，而《古神话选释》以神话人物、神话故事为主要内容，对孩子们来说更容易，也会更加兴味浓厚，学习起来效果会更好。因此，我把《古神话选释》放在《论语》之前学习。

第四，可以加入写作训练。我在授课的过程中，每讲完一个神话人物，都会要求学生根据文本的内容写一篇该神话人物的小传。在进阶阶段，孩子们开始需要增加写作训练了，而复述一个故事是最好的写作入门训练。孩子们能不能把一个人物的几个相关的故事联结在一起形成一个完整的故事，其实是非常训练孩子们的逻辑思维能力与语言组织能力的。

盘古

　　我小时候一直在睡觉。直到有一天，我睁开了双眼，发现四周一丝亮光都没有，而且有什么东西正捂着我。我开始zuo mo，我这是在哪儿呢？

　　突然，捂着我的东西慢慢地分开了。我站了起来，但还是一片漆黑。我想："要是每天都生活在这样的环境里可不行，那该怎么办呢？只有一种方法就是把什么东西变成亮光。"我想了一想，就把我的两只眼睛变成了亮光。

　　可是这世界上只有光有什么用呢？应该再有一些其它生命吧！于是我就把我的头发拔了出来插在土地里让它变成草。我又怕天和地再合上，所以我就把双臂变成了山峰住天。

　　有一天，我觉得身上特别痒，我就抖了抖身子，落下来了许多小虫子，它们就变成了有四肢五体的人。

　　人要喝水，不然就渴死了。但世界上还没有水那怎么办呢？哦！可以把血液变成江河湖海。

　　我感到一直被太阳shai着好热啊！我想有地方来凉快。于是我就把我的腰挺在地上让它变成能遮阳的大树。

　　　　　　　　　　　2019.9.止

　　　　胳膊　戳变动物头

这位小朋友将自己想象成盘古，从自身感受出发描绘了盘古开天辟地的经过，诸如"特别痒""好热"的细节描写，让人不由赞叹，忍俊不禁

三、《论语》就是高考语文的"大题库"

近年来,古文在语文考试中的占比越来越高。相应的,《论语》的重要性也越来越凸显出来。虽然在语文课本中,有相应的几条《论语》章句的学习,但是这对于孩子理解把握《论语》的精髓仍然是杯水车薪。尤其是近年来,《论语》里面的内容常常作为高考作文的题目,以及阅读理解的题目出现,这就要求学生对《论语》有更为全面而深切的把握。

我们先来看一些高考语文的《论语》试题:2018年北京地区的高考微作文题目(三选一)(10分)。其中一个选择就是《论语》,题目如下:

3.读过《论语》,在孔子的众弟子中,你喜欢颜回,还是曾参?或者其他哪位?请选择一位,为他写一段评语。

2009年浙江高考语文试卷《论语》试题为:

阅读《论语》中的两则文字,然后回答问题。(4分)

子曰:"不愤不启,不悱不发,举一隅不以三隅反,则不复也。"

子曰:"予欲无言。"子贡曰:"子如不言,则小子何述焉?"子曰:

"天何言哉。四时行焉，百物生焉。天何言哉！"

1. 有不少成语源于《论语》，例如"不愤不启""不悱不发"，请再写一个出自上述语段的成语。（1分）

2. 根据孔子与子贡的对话，概括出一条教学原则，并评析启发诱导的教学原则。（3分）

2010年浙江省高考语文试题为：

《论语》对后人的思想有深刻的影响。请引用《论语》中与下面文字意思相仿的一句话，然后分析它们所表达的思想。（4分）

"大凡君子与君子以同道为朋，小人与小人以同利为朋，此自然之理也。"——欧阳修《朋党论》

2011年高考浙江卷《论语》真题：

阅读下面两段文字，完成23—24题。（5分）

子曰："道之以政，齐之以刑，民免而无耻；道之以德，齐之以礼，有耻且格。"（《论语》）

夫圣人之治国，不恃人之为吾善①也，而用②其不得为非也。恃人之为吾善也，境内不什数③；用人不得为非，一国可使齐。为治者用众而舍寡，故不务德而务法。（《韩非子》）

【注】①为吾善：自我完善。②用：使。③不什数：不能用十来计算，不用十个。

23. 从上面两段文字中，概括出孔子和韩非子的为政观。（1分）

孔子：　　　　　　韩非子：

24.对这两种为政观进行简要评析。(4分)

_____　　_____

2012年高考语文浙江卷《论语》真题：

(三)阅读下面的文字，完成23—24题。(5分)

《论语·乡党》："厩焚。子退朝，曰：'伤人乎？'不问马。"

这段文字，据唐人陆德明《经典释文》的句读可以标点为：

"厩焚。子退朝，曰：'伤人乎？''不。'，问马。"

23.分别指出上面两种不同标点的引文中孔子对人、马的态度。(2分)

24.对照孔子的仁爱观，谈谈你对后一种句读的看法。(3分)

2013年高考浙江卷《论语》真题：

(三)阅读下面的文字，完成23—24题。(5分)

"子贡曰：'贫而无谄，富而无骄，何如？'子曰：'可也，未若贫而乐，富而好礼者也。'"（《论语·学而》）

子曰："贫而无怨难，富而无骄易。"（《论语·宪问》）

_____，箪食瓢饮，不改其乐；子路衣敝缊袍，与衣狐貉者立，而不耻；皆所谓不耻者（宋·真德秀撰《西山读书记》）

23.补出上面材料的空缺部分。(2分)

24.根据上面的材料，简析孔子的观点(3分)

类似的试题还有很多很多。我们仔细研读这些《论语》试题就会发现，高考语文试卷中的《论语》题，并没有仅仅局限于出现在课本上的那几条章句。这就要求学生对《论语》的内容、义理有一个全面而深切的把握和理解。

　　我们再翻回头看《论语》，就会发现《论语》将近500条章句。这500条章句里面涉及了方方面面的内容——学习的意义，交友的原则，人生的理想，家庭关系的处理，做人的方法，德行的效用，执政的原理等，都是特别适合教育年轻学子的内容。而且，《论语》章句的难度适中，语句的长度也适中，历史上与儒学思想相关的论辩也很多，所以《论语》是非常适合出作文题，出考试题的"经典"。因此，我们可以说，《论语》就是特别适合充当语文试题的"大题库"。退一万步说，即使高考语文题目中并没有出现直接与《论语》相关的试题，孩子学了《论语》，里面的义理和章句，对于他们写作水平的提高都是非常非常有帮助的。所以，在国学教育的进阶阶段，《论语》的学习不可或缺。

四、《论语》到底是一本什么书

学习一部经典,首先需要立起大旨,就是理解这部书主要讲的是什么,不然读了半天,费了半天劲儿,就读歪了,或者不能很好地理解经典的意义,事倍功半,那就是大大的遗憾了。

那么,《论语》的主旨是什么呢?《论语》是一本什么书呢?

1.《论语》不仅仅是"修身"之"书"

我们学《论语》,而《论语》第一篇的第一条章句就是讲的"学"——"学而时习之,不亦说乎"(所有经典的首句都需要特别特别重视),而"学"成什么呢?这条章句的最后落在了"君子"上——"人不知而不愠,不亦君子乎?"所以,当我们以今人对"君子"的理解来定位《论语》的时候,常常会把《论语》简单地讲成一本关于"个人修养"的书。虽然这么讲也不能说错,但是却没能真正地"立起大旨",没能从根本处理解《论语》的义理。那么,《论语》中所讲的"君子之学"是什么,君子"修身"的目的又是什么呢?

按照儒学自身的讲法,《论语》应该是一本讲"修(身)齐(家)治(国)平(天下)"的书。如果用西方的学术概念来说,《论语》应该是一本"政治哲学"著作！《论语》中提到"君子"，有的时候强调的是"有德者"，有的时候强调的是"有位者"。但是，放到先秦的历史语境中，《论语》更多的是在"有位者"的前提下，强调"有位者"需"有德"，应该"德位相应"，才能实现"纳上下于道德"（王国维语）的政治理想。例如：

> 子夏曰："君子信而后劳其民；未信，则以为厉己也。信而后谏；未信，则以为谤己也。"

这一条章句出自《论语·子张》，能"劳民"的自然是"在上位者"。但是，"在上位"的"君子"只有做到了"信"这种德行，才能真正地让百姓心甘情愿地去"劳"，不然则以为"虐政"也。

《论语》一共二十篇，最后以《尧曰》收束。朱子在《论语集注》中曾引用程门弟子杨时的话说：

> 《论语》之书，皆圣人微言，而其徒传守之，以明斯道者也。故于终篇，具载尧舜咨命之言，汤武誓师之意，与夫施诸政事者。以明圣学之所传者，一于是而已。所以著明二十篇之大旨也。《孟子》于终篇，亦历叙尧、舜、汤、文、孔子相承之次，皆此意也。

这段话说的是，杨氏认为《论语》一书以尧舜汤武，以及施之于政事的章句为终篇，表达了孔子于《论语》中所传之大旨不外乎"修身、齐家、治国、平天下"而已矣。所以，在这个意义上，我们理解《论语》中的"学""孝""仁"，乃至于"君子"这些概念，都要放在"政事"这个大前提大主旨之下才能从根本上理解《论语》在讲什么。

举一个例子，《论语·学而》的第三条章句是：

子曰："巧言令色，鲜矣仁。"

这是一条大家都很熟悉的章句，如果我们只是认为这是一条普通的言行训诫的条目，当然也没有太大问题。但是，放到儒学的话语系统中，我们联系先秦相关的典籍来理解这条章句，就会更为恰切。如《诗经·小雅》中有一篇作品就是《巧言》：

乱之初生，僭始既涵。乱之又生，君子信谗。

结合《巧言》这篇作品，我们就可以理解到"巧言令色"在政治生活中，而不是仅在个人品德中的破坏意义。

如果大家对"巧言令色"这一条章句的解读还未完全信服的话，我们可以看看钱穆先生对"夫子温良恭俭让"（1.10）那一条章句的解读：

子禽问于子贡曰："夫子至于是邦也，必闻其政。求之与？抑与之与？"子贡曰："夫子温良恭俭让以得之。夫子求之也，其诸异乎人之求之与？"

——《论语·学而》

子禽问子贡，夫子每至一邦国都能与闻（参与）其国的政事，夫子是如何做到的呢？是他求来的呢，还是别人主动求教于他呢？子贡回答道："夫子温良恭俭让以得之。"钱穆先生解释说："亦知人间自有不求自得之道。此与巧言令色之所为，相去远矣。"所以，"巧言令色"与夫子之"温良恭俭让"对读，可见出章句背后"为政"的指向。

因此，把《论语》放到先秦的历史语境中，放到儒学的思想背景下去理解，才能更深入地把握《论语》的义理。

2.《论语》里的"学"是为了什么

《论语》开篇就讲"学"——"学而时习之，不亦说乎？"不但开篇，孔子对自己一生的总结也是从"十有五而志于学"（《论语·为政》）开始的。孔子讲人的培养，从"为人弟为人子"者成长为"君子"，中间要经过"行有余力，则以学文"（《论语·学而》）的过程。但是限于《论语》语录体的形式——只有结论，很少论述，所以关系到对整个儒家思想体系的"学"的理解，我们需要借助于其他儒学相关的文本。

《论语》是"四书"之一，其他三本是《大学》《中庸》《孟子》。大家知道这四本书的阅读顺序吗？朱子（朱熹）曾经说过："先读《大学》，以立其规模。"这句话其实很重要，"先读《大学》，以立其规模"，说的就是《大学》里面讲的道理，其实是理解儒学大旨的入门之书。

《大学》一开篇就讲"大学之道，在明明德，在亲（新）民，在止于至善"，意思是：大的学问的宗旨，在于使一种如日月般光明的德行彰明出来，在于使人可以有日新之德，在于达致至善之境。"明明德""亲（新）民"以及"止于至善"一般被称为是《大学》的三纲领，而《大学》中具体展开的部分，则论述了达致"三纲领"所需要的几个阶段，这就是"八条目"——"格物""致知""诚意""正心""修身""齐家""治国""平天下"。总结来说，儒家之所谓真正的求学——"大学"，最终是要在"治国""平天下"的意义上实现"明明德""亲（新）民"以及"止于至善"。所谓

"平天下"，不仅仅是国富民强，外御其侮这么简单。政治秩序的完成，并非儒学之终极目标，在秩序（礼）之上的"和"，在"治国"之后的"平天下"——实现"明明德""亲（新）民""止于至善"的理想，才是儒学的终极目标。

3. 以"天下关怀"涵育"个人修养"

综上，如果把《论语》讲成"心灵鸡汤"，其实是像买椟还珠一样可惜的事情。我们不妨来做一个小试验，读者们先去看《论语·微子》这一篇，如果只强调"个体修养"，我们是无法真正理解《微子》篇的意义，无法理解孔子为什么会"怃然而叹"的。《论语·微子》篇中记录了许多德行高洁的隐士与孔子（或孔门弟子）的对话或交流。如果我们只是把《论语》当作一本讲"个体修养"的书，我们就完全无法读懂《微子》篇的教义。我们无法理解孔子为什么会做出与那些德行高洁的隐士不同的人生选择。

受西方个人主义的影响，我们现在常常把"个人"与"社会"、"个体"与"国家"对立起来。但是，在儒家看来，"鸟兽不可与同群，吾非斯人之徒与而谁与"（《论语·微子》）。我们每个人都生活在人群之中，个人的幸福与德行都只能在"群体"中才能达成。如果只强调"个体德性"，如果没有对"国"与"天下"的理解与关怀，"个人修身"则成了无源之水、无本之木，不免走入偏狭与干枯，是不可能最终完成的。

当然，要理解到这个层面，改变大家原来的想法，需要我们将《论语》严谨地放到儒学的思想系统中，尤其是"经学"的系统中去进行理解，一点一点地深入到《论语》的文本与章句中去慢慢体味儒家"为天地立心，为生民立命，为往圣继绝学，为万世开太平"的宏旨！

五、《论语》怎么教怎么学

很多家长都觉得《论语》是相对简单的"经典",所以在孩子很小的时候就开始带着孩子读《论语》。但是在我看来,《论语》其实是一本相对难读难讲的"经典",在我的国学教育体系中,我会把《论语》放到进阶阶段,或者高阶阶段来学习。

为什么这样安排呢?《论语》的文本只是看上去"简单",古文的字词没有那么繁难,语句大多时候没有那么长篇,但是却需要孩子具有一定的思辨能力,以及基本的人生经验、生活体验,才能够理解《论语》的义理。这也是为什么很多成年人会返回来阅读《论语》,学习《论语》的原因。

《论语》当中很少有故事可讲,如果过早地让孩子学习《论语》,他们虽然可以把章句背下来,但是却并不能够真正地理解,这样就会影响孩子对《论语》二次学习的意愿。因为在一般情况下,当我们以为自己会了一个东西之后,就不再愿意花费更多的时间和精力去进一步学习了。所以,孩子过小的时候研学《论语》,只会造成他们对文本囫囵吞枣式的理解,甚至会影响他们学习古文的兴趣——多无聊啊,没有故事,只有道德的训诫。因此,我不推荐家长在孩子过小的时候让他们学《论语》,读《论语》,而是应该把《论语》放到更为高阶的阶段来学习。

1. 推荐三个《论语》注本

学习《论语》，要找到合适的注本。下面我给大家推荐几本《论语》的参考书。首先给大家推荐的是杨伯峻先生的《论语译注》。

杨伯峻先生是著名的古文字学家。所以，《论语译注》的长处就在于对《论语》当中单个字词的注释非常精到。对《论语》章句的理解，当然要建立在对其"字"与"词"的恰切理解之上。所以这本书特别适合用作小学生们学习《论语》的入门书，或者是成人学习《论语》与其他注本对看的参考书。

举个例子："学而时习之"的"时"字，在中学的教育里常常被讲为"时常""经常"（朱熹主此解）。但是这个理解是不符合儒学义理，也不符合先秦语法习惯的。杨伯峻先生在注释中指出，"时"应该译为"以时"，即"在一定的时候"，或者"在适当的时候"。同时，他列举了《孟子·梁惠王上》"斧斤以时入山林"的例子来加以佐证。"时"翻译为"在适当的时候"，其实有很多《论语》章句的内证，如"夫子时然后言"（《论语·宪问》），以及"夫子时其亡也"（《论语·阳货》）。只有把"时"理解清楚了，我们才能更好地理解"学"和"习"的关系，理解孔夫子为什么被称为"时中之圣"。

古文字词的基础打好后，如果想更好地把握《论语》的义理，我就会推荐钱穆先生的《论语新解》。

我们都知道，钱穆先生是国学大家。他的这本《论语新解》，在我看来是近人所作的，最贴合儒学义理，最体贴孔子性情，最当得起"温柔敦厚"评价的《论语》注本。例如，"毋友不如己者"（《论语·学而》）这条章句，历来解说莫衷一是。鲁迅就曾批评这句话是"势利眼"——人若各求胜己者为友，则胜于我者亦将不与我为友。但是钱穆先生的解说就如春风拂面般温暖：

> 窃谓此章绝非教人计量所友之高下优劣，而定择交之条件。孔子之教，多直指人心。苟我心常能见人之胜己而友之，既易得友，又能获友道之益。人有喜与不如己者为友之心，此则大可戒。

接着，钱穆先生还从此句的解说出发，向我们展示了在研读《论语》的过程中，面对异解纷呈的注释如何抉择的方法：

> 说《论语》者多异解，学者当自知审择，从异解中善求胜义，则见识自可日进。

每次读到这里，我就仿佛看到一个温厚的长者在循循开示《论语》的义理，特别感动！不过，研读《论语新解》这本书，要求有一定的古文基础，因为钱穆先生是用文言写的注释。因此，大家可以把我上面的引文当作样板，如果可以读懂，则阅读此书没有问题。

另外再给大家推荐一本李泽厚先生的《论语今读》。李泽厚先生是研究西学的大家。他一开始学术的入手处是康德。当他晚年转向中国学问研究的时候，他对《论语》的注释就具有了非常独特的视角——仿

钱穆在《论语新解》前言中说："本书取名《新解》，非谓能自创新义，掩盖前儒。实亦备采众说，折衷求是，而特以时代之语言观念加以申述而已。"

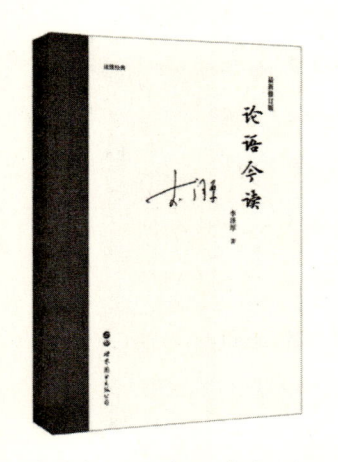

李泽厚，当代著名思想家、哲学家、美学家。中国社会科学院哲学研究所研究员、巴黎国际哲学院院士、美国科罗拉多学院荣誉人文学博士。著有《美的历程》《批判哲学的批判》等著作

佛他是带着一个现代人的困惑，到中国古代的典籍当中去寻求答案。

举个例子，《论语》中孔子多次提到"知命""天命"的问题，他说自己"五十而知天命"，整部《论语》的最后一条章句也说"不知命，无以为君子也"。但是我们不是常常赞颂孔子"知其不可而为之"吗？那我们应该如何理解孔子（或"儒学"）的"知命"呢？我们来看看李泽厚先生的解释：

> 最难解的是"知天命"，似可解释到五十岁，自己对这偶然性的一生，算是有了个来龙去脉的理解和认同。一方面明确了自己的有限性，另一方面明确了自己的可能性。不再是青少年时代"独上高楼，望尽天涯路"的前景茫茫，也不再是"天下事舍我其谁"那种不自量力的空洞抱负了……
>
> 人生活在无可计量的偶然性中，却绝不失其主宰。这才叫"知天命"。"夭寿不二，修身以俟之，所以立命"，"知命者不立乎岩墙之下；尽其道而死者，正命也"（《孟子·尽心上》），这种"立命""知命""正命"都指人对自己命运的决定权和主宰性，而绝非听命、认命、宿命，这也才是"知天"。从而"知天命""畏天命"便不释为外在的律令或主宰，而可理解为谨慎敬畏地承担起一切外在的偶然，"不怨天不尤人"……"五十而知天命"着意在这种承担和建立的完成，即一己对"命运"的彻底把握。这大概一般非五十岁左右难以实现。总之，认识并安于一己存在之有限性，仍强自建立，并不悲观、焦虑，或作徒劳之无限追求，此种中国式的"知命""顺命"的情感"超越"，似有异于西方。

李泽厚先生对"知天命"的理解真是令人醍醐灌顶啊！一直以来，我的国学教育理念是，儒学应该成为我们现代人的精神需求。因此，《论语今读》这本书恰恰就提供了这样一个样本，即向一个现代人讲述儒学的义理，那些特别体贴现代人困惑的解读，会让人有豁然开朗的感觉。所以，家长如果对儒学感兴趣，可以去读一读这个注本。

当然，更专业的《论语》学习，可以使用朱熹的《论语集注》或程树德的《论语集释》。

在这里我特别要强调的一点是，目前市面上《论语》的注本，有的采用的是繁体字，有的采用的是简体字。我经常会遇到家长问我，到底应该选择什么样的版本。在这里，我给大家分享一个小经验。我曾经遇到过一个研究中国文学的美国学者，在我们交流的过程中，我发现她就没有简体、繁体阅读的困扰。我问她为什么。她跟我说，因为她在阅读的时候，都是遇到什么版本就看什么版本，遇到简体就看简体，遇到繁体就看繁体。因为并没有简繁的分别心，所以也就自然地接受了汉字的各种形态。而大陆的家长和学生，心里的分别心太强，总认为繁体是更难的，简体是简单的，所以一看到繁体的版本就不由自主地"头大"，觉得自己读不下来，慢慢地也就越来越读不了繁体的版本了。可是，我们要知道，1949年之前，所有的中国书都是繁体；1949年之后，也只有中国的大陆用简体。我90年代去巴黎卢浮宫的时候，那里卖的中文讲解也是繁体字版本的。所以，在我教育孩子学国学的过程中，如果有繁体的版本，我通常会建议家长买繁体的版本。尤其是在孩子们小的时候，不要强调这种分别，孩子就会自然地接受繁体字，尤其是在他阅读古代经典的时候，繁体字的版本当然是更加优质的版本。

除了我推荐的这三个注本外，研读《论语》还可以阅读钱穆先生的《孔子传》。这本著作几乎是以《论语》章句来贯穿孔子一生的介绍，所以可以利用这本书来复习《论语》。另外，研读《论语》，还可以参考《史记》当中的《孔子世家》以及《仲尼弟子列传》这两篇文章。

2. 教授《论语》的两种方式

我已经教过十轮以上的《论语》课程，也分别给大学生、中学生、小学生上过《论语》课。在这么多年的授课过程中，我曾经几次试验适合《论语》的教授方法。

我在大学教授《论语》，因为要考虑到课时的问题（基本上一学期16周32课时上完），所以我所属的教学团队一开始是围绕着《论语》的"核心概念"来结构这门课程的，这些核心概念包括："学""孝""仁""君子""为政"（包括"礼乐"），每一个概念为一个讲授单元，再加上"《论语》简介"和"孔子生平"，共是7个单元。对应于每个单元，我们会在《论语》500条章句中挑选出150条左右的核心章句作为讲读和要求学生背诵的范围。也就是说，我们一开始的课程设计是打乱了原书的章句顺序，以"核心概念"来重新结构《论语》的。

试验了一个学期之后，我们几位老师发现了一个共同的问题，即打乱了原来的章句顺序后，即使是学习好的学生也只会阅读我们挑出来的章句，从而失去了"读书"的感觉。而培养学生阅读经典的能力是我们课程非常重要的教学目标。为此，我们在第二个学期尝试了按照《论语》二十篇的顺序进行重点讲解的方式。从后来的效果看，这种尝试是失败的。首先，如果想在有限的课时内讲完所有的章句是非常不现实的。另外，即使我们在一篇之中挑出一些章句进行重点讲读，由于《论语》本身编排的问题，也会使得学生对核心概念的理解不是特别深入。

在大学的《论语》教学工作取舍两难的时候，我带着几个朋友的孩子开始读《论语》，由于无须考虑"课时"的问题，所以采取了真正的"读书"

方式，即按照《论语》的编排顺序，每一条章句都读到讲到。我们基本上每次课 3 课时，一学期 12 周课，就是 36 课时，学了两学期，就是 72 课时。虽然讲得还是有点匆忙，但是也算勉强读完了《论语》的全本。这种读书的感觉还是很"爽"的。另外，在我带着孩子们学习《论语》的过程中，我会给他们提供两个注本——杨伯峻先生的《论语译注》和钱穆先生的《论语新解》，并在适当的时候让他们对读。一位懂行的家长知道我的教学法后，特别惊喜地说："李老师，您这是带研究生的方法啊！"

《论语》的学习对孩子的作文写作是帮助最大的，除了丰富孩子们的词汇表达外，最主要是能帮助他们解决立意的问题。口说无凭，下面放上两篇我课堂上的小朋友学习《论语》后写的作文。

最美的风景

每个人的心中都会有一处最美丽的风景，不管"它"是什么，都一定是独一无二的。若论自然景观，这世间万物皆是景；若论好人好事，那也是数不胜数。而我心中最美的风景可以概括为一个词"仁德"。

"仁德"这个词最早由孔子提出，是《论语》中的概念，如今可谓是无人不知，无人不晓。那么孔子到底是怎么解释这两个字的呢？他所说的仁德又意味着什么呢？

在儒家学说里，仁德是最高境界。"仁德"几乎包含了一切美德："严以律己，宽以待人"，"过则勿惮改"，这些都被囊括其中。

但真正的仁德却绝非仅仅如此。"仁德"可以被分为"大仁德"和"小仁德。""小仁德"就是做好自己，让自己成为一个内心"坦荡荡"的人。而"大仁德"多指个体对于国家的仁德——孔子认为，一名"君子"应该报效国家。

放眼古今中外,孔子曾称一人为君子,就是管仲,也曾许之为"仁德之人"。管仲在个人礼节上不拘小节,有时候甚至会有些"粗鄙"。但孔子这么说他的原因是他辅佐"齐桓公"实施了"仁政"。孔子认为这是最难能可贵的。上台后的他颁布一系列"礼法",博得人们的大爱,这才是真正的仁德。

"仁德"将永远是我们一生努力追求的方向,也是成为一名君子最必要的、关键的一环。

让我们不停地前进、奋斗。若能完成这伟大、宏壮的目标,这定是我们一辈子里最美丽的风景!

这是一篇六年级的小朋友在语文毕业考试中的命题作文《最美的风景》。他在如此短的时间内,联想起我在《论语》课堂上讲的关于孔子对管仲的评价问题,文辞虽然稍显青涩,但是以"德行"为"美景",却立意高远,对于六年级的小朋友来说实属难得。

再看一篇:

伯夷叔齐传

伯夷、叔齐是商朝时孤竹国国君的两个孩子,伯夷是叔齐的大哥,他们的父亲想立叔齐为太子。父亲死后,叔齐让位给伯夷,伯夷就逃走了,叔齐也跟着走了。

他们听说周国的国君姬昌善待贤士,就去投奔他。可是他们到达周国的时候,文王已经去世了,他的儿子姬发举着灵牌,发兵讨伐商纣王。伯夷、叔齐拦住武王的马,说:"父亲死了也不安葬,就去打仗,这能说是孝吗?周是商的臣子,臣子想杀君主,这能说是仁吗?"武王的侍卫要杀他们,可姜太公说:"他们是义人。"就让他们走了。

等武王把商朝推翻了,天下的人都来归顺周朝,可伯夷、叔齐却以之为耻,他们还不食周粟,最后饿死在首阳山。

伯夷、叔齐一生坚守原则。叔齐守礼,不愿代替大哥做王;伯夷守孝道,不肯违背父亲的意愿。他们劝阻武王伐纣,坚守的是不能以暴易暴的原则。他们不食周粟,是坚决不跟不仁不孝的人住在一起。

不过,我认为商纣王那么残暴,武王讨伐他代表的是正义,伯夷、叔齐说他"以暴易暴"是不是太钻牛角尖了呢?我实在想不出武王还能有什么选择。

不过,我还知道一个发生在印度的故事。十九世纪末,印度处于英国的殖民统治下,甘地带领印度人民发动了非暴力不合作的抗议活动,他把这种不使用暴力的力量称作"真理的力量"。他终生坚守这个原则,被尊为"圣雄"。1947年,印度终于成为一个独立的国家。但是,一年后,甘地却被自己的人民枪杀了,只因为身为印度教徒的他仍然坚守"非暴力"的原则,主张善待穆斯林。

伯夷、叔齐和甘地一生都坚守原则,也都是因为坚守原则而死。难道坚守原则的人只有这一种悲剧结局吗?

不过,我仍然非常钦佩他们的这种精神——坚守真理,为了真理不惜付出生命的代价,也正像孔子说的:"求仁而得仁,又何怨。"

这篇是我在一次《论语》课程后留的课下作业,要求孩子们查找"伯夷叔齐"的故事,为他们写一篇小传。写这篇作业的小朋友是一个四年级的孩子。她已经能够比较准确地理解《论语》中的一些观点,整篇作业文笔流畅,有独立思考。特别是"难道坚守原则的人只有这一种悲剧结局吗"的提问,是其发自内心的思考和困惑，颇有太史公写作《伯夷列传》的意蕴，相信她最终会在她的生命中找到这个问题的答案。我给她的点评，还提醒她去思考一个一直被忽略的问题：伯夷叔齐都跑了之后，孤竹国怎么办？

当然，我所举出的这两个例子都是程度较好的学生的作业。但是我们从中也能看到《论语》的学习对孩子思辨能力的影响。《论语》的学习，字词章句的记诵并不是最主要的学习目的，而是让孩子们可以根据自己的生命经验去讨论、去思考，才是《论语》学习的重点。

其实，《论语》也适合成年人读。几个成年人，各自拿着《论语》的不同注本，一条章句一条章句地对读，各种注本有不同的解读，就拿出来讨论，慢慢地去寻求文本的义理，并与自己的人生经验相结合，真正地体味《论语》对现代国人的意义，这也是一种颇为理想的读《论语》的方式。

3. 研读《论语》要学会代入

在朱子《论语集注》的正文前，有一篇《论语序说》和一篇《读论语孟子法》，其中收录了程子谈学习《论语》《孟子》的一些经验，里面有几条颇于我心有戚戚焉。

先说读书时的方法——

> 程子曰："学者须将《论语》中诸弟子问处便作自己问，圣人答处便作今日耳闻，自然有得。须将圣人言语切己，不可只作一场话说。"

意思是，我们读《论语》的时候，需要将自己想象成提问的那个弟子，而书里面记录的孔子的回答，就当作是今天刚刚现场听到的教诲，这样才能切己有得，不能简单地把《论语》当作是古人所写的与自己不相干的一些对话。

妙啊！读经典，"代入"的确是最好也是最有效的方法。举一个例子，《论语·宪问》有一条章句：

或曰："以德报怨，何如？"子曰："何以报德？以直报怨，以德报德。"

当你读到这条章句的时候，你可以想象自己遇到一个人，他问你："如果做到以德报怨，你觉得怎么样？"这个时候，你会如何回答这个问题呢？你会说——"哇，好赞哦！"还是会质疑——"可能吗？"然后，我们再来读一读孔子的回答——"何以报德？以直报怨，以德报德。"为什么孔子的回答和我们的回应不一样呢？孔子这样回答，背后的道理是什么呢？我和孔子，谁回答得更好呢？能想明白这些问题，才能真正理解这条章句的教义。

使用"代入法"研读《论语》，还能增加读书的乐趣——读其书想见其为人。《论语》当中的对话往往都是有特定的背景，针对特定的人而发言的，这就是我们通常所说的"因材施教"。因此，"代入法"可以让我们更好地体贴每一条章句的对话背景以及人物特征，从而对章句有正确的理解。比如，《论语》当中就记录了诸多弟子"问仁"的章句：

《雍也第六》：6.28 子贡问仁

《颜渊第十二》：12.1 颜渊问仁

《颜渊第十二》：12.2 仲弓问仁

《颜渊第十二》：12.3 司马牛问仁

《子路第十三》：13.19 樊迟问仁

《卫灵公第十五》：15.9 子贡问为仁

《阳货第十七》：17.6 子张问仁

虽然弟子们的问题是相同的，但是夫子根据各位弟子品性的不同，给出了不同的答案。例如，司马牛问仁。孔子给出的答案就是："仁者，其言也讱。"司马牛想也不想就接着问："其言也讱，斯谓之仁已乎？"啊？言语谨慎也能算是"仁"吗？夫子回答道："为之难，言之得无讱乎？"翻看《史记·仲尼弟子列传》，我们就会发现司马牛的特点是"多言而躁"，所以夫子"就其病而药之"，告诉他"讱言"可以成为他修仁的通路。哈哈，是不是很有趣？不过，我一直有一个困惑，如果是我问夫子，夫子会给出什么答案呢？

程子提出的另外一条读书法，强调的是读完之后的效果——

> 程子曰："今人不会读书。如读《论语》，未读时是此等人，读了后又只是此等人，便是不曾读。"

什么意思呢？这就是儒学一直强调的"知行合一"。我们读书，尤其是《论语》这种书，是为了获得智慧，而这种智慧只有能够真正地指导我们的生活、我们的选择，变成我们内心的力量时，才具有意义，才算不白读。这其实是"代入"读书法的第二种应用，即将书中的道理"代入"生活中去检验、去理解。举个例子，我批改学生作业的时候，发现有学生抄袭，我有两个选择，一个是为了照顾学生的成绩绩点，忽略其抄袭，给个合适的分数；另一个是按照规定，给抄袭的学生0分。大学里面混日子的学生很多，他们往往只图一个及格，然后毕业，很多老师和学生彼此都心知肚明地井水不犯河水。可是，《论语·里仁》里有一条章句——

子曰:"唯仁者能好人,能恶人。"

我虽然称不上"仁者",但是作为一个还算负责任的老师,我选择给那个学生0分。为什么一个充满"仁德"的人会"恶人"呢?不是应该"仁者爱人"吗?联系上面的那条章句——子曰:"何以报德?以直报怨,以德报德。""仁者""以直报怨,以德报德",好就是好,坏就是坏,对就是对,错就是错。抄袭就应该得0分,这恰恰是对认真完成作业的同学的尊重与维护,也是对抄袭作业的同学的警戒。而这种对一个人错误行为的"警戒"不也是一种真正的"仁慈"吗?

"代入"式的读书有很多好处。在我个人的读书心得里,有一个特别想和大家分享的经验,就是当我在生活中遇到困难、挫折,或者难以抉择的时候,我常常想,如果孔子遇到这种情况,他会做出怎样的选择呢?想象中孔子的选择,往往就会成为我最终的决定。

最后,《论语》应该是我们常读常新的经典。

《论语》是中华文明演进过程中承前启后的重要典籍,我们研习《论语》,一方面可以亲近古典思想,理解中国的先圣先贤思考人生以及社会治理的核心概念、理念,并帮助我们养成借助于古典智慧,面对、理解并解决现实问题的能力。另一方面,我们让孩子们研读《论语》,可以塑造他们的君子意识。孔子所关心的核心问题之一就是君子(精英)之养成。通过对《论语》的研读,希望孩子们可以立下君子之志,并懂得成就君子之德的途径。

我们今天研读《论语》，可以说是文明复兴与自我成就的结合。甘阳老师曾经说过这样一段话：

> 一个真正的中国精英首先必然具有文化自信，这种自信从根本上来自于对中国文明的充分自信。打造中国的精英就是要打造对中国文明具有充分文化自觉，从而对自己作为一个中国人具有高度自信的有教养的中国人。

在将近十年的《论语》教学中，我自己的受益是非常大的。我们生活在一个非常浮躁的社会里，就像我在本书"导言"中所说的，我们需要找到自己生命中的"定海神针"。《论语》中夫子说："君子坦荡荡，小人长戚戚。"希望我们的孩子们也能在《论语》中找到他们面对这个世界的力量。

六、《西游记》读法

虽然子不语"怪、力、乱、神",但是神魔鬼怪的身影却在中国文学传统中无所不在。如果要谈到中国古代有关神鬼的小说创作,那么就要从神话说起。中国古代的神话零散地记录在《山海经》《淮南子》等书中,保存得不是很完整,但是却对小说的发展产生了巨大的影响。盘古用巨斧开天辟地;女娲炼五色石以补苍天;后羿箭射九日;刑天以乳为目、以脐为口,执干戚而舞;夸父逐日;大禹治水;精卫填海……这些古老的神话从一开始就为我们的文学传统打开了一扇想象的大门,开启了中国古代小说系统中一条崇"奇"贵"幻"的艺术道路。

1. 中国古代的神鬼小说

中国古代的神鬼小说大体上可以分为两大类型。一类是以《搜神记》为代表的文言笔记体"志怪小说"。"志怪小说"在汉魏六朝时期发展出第一个创作高峰,与"志人小说"一起构成了这一时期笔记小说的两大主要类型。"志"是记录的意思,也就是说,"志怪小说"与"志人小说"一样是被作者当作真实可信的故事来加以记录的。因此,这时的"志怪小说"以"实录"为原则,在艺术上多是一些粗陈梗概的作品。然而,由于所"志"之"怪"

毕竟不同于现实生活中真实可信的事物，所以，"虚构"的因素已经悄悄孕育。之后，文言笔记体"志怪小说"的创作一直不绝如缕，时有佳作。清代的《聊斋志异》和《阅微草堂笔记》尤其使这种题材的作品达到了一个新的艺术高峰。

中国古代神鬼小说的第二大类型是以《西游记》《封神演义》为代表的白话章回体"神魔小说"。"神魔小说"成熟于明代，以《西游记》为龙头，先后出现了近三十部以神仙佛祖、降妖斗法为主要题材的作品。这批小说以"虚构""奇幻"的形态出现在读者面前，形成了与历史演义、英雄传奇非常不同的小说流派。

关于《西游记》的作者，目前学界一般认为是吴承恩。吴承恩（约1500年—约1582年），字汝忠，号射阳居士，淮安（今江苏淮安）人，有《射阳先生存稿》4卷行世。据记载，吴承恩是一个很有才气，在他生活的地方声名很高的人。但是，他在科举的道路上非常不顺利，屡试不第之后只好以诗酒自娱，最后终老于家。

《西游记》讲述的是唐玄奘带领四个徒弟（孙悟空、猪八戒、沙和尚、白龙马）历经九九八十一难，去西天求取真经的故事。与《三国演义》《水浒传》类似，《西游记》的成书也经历了一个长期积累与演变的过程。唐玄奘，是唐代的高僧，也是中国佛学史上最重要的学者之一。他曾用十七年的时间，到当时的天竺（印度）求取了六百多部梵文佛经回到长安。玄奘取经的经历以及一路的所见所闻被门徒写成了《大唐西域记》和《大唐大慈恩寺三藏法师传》。取经的故事渐渐流传开来。到了宋元时期，唐僧取经的故事已经成为说书与戏曲表演的主要题材之一，如产生于南宋的《大唐三藏取经诗话》，就是一个说书人所用的讲述唐僧取经故事的底本，是目前所见的第一个唐僧西天取经的小说版本。到了明朝中叶，唐僧取经的故事最终被写定为我们今天所见到的《西游记》。在故事的演变过程中，历史的"真实"不断被"虚构"、被"添加"、被"改篡"，最后以"虚幻"的面目出现在读者的视野中。这一点鲜明地体现了《西游记》作为神魔小说的代表，崇"奇"贵"幻"的艺术特色。

2. 给《西游记》里的妖怪排排武力值

《西游记》表层的故事意趣盎然，充满了童话色彩。小说中的许多精怪由动物（或植物）幻化而来。它们修炼成人形后，仍然保留了原来的动物（或植物）特性，同时又增添了人的心理与情感，以及上天入地的本事。例如，孙悟空仍然保持了猴子的特性——喜欢吃桃子，因此偷吃了王母娘娘的蟠桃；会七十二变却藏不住自己的尾巴，结果被二郎神看破抓了去。同时，他又像人一样争强好胜，听说蟠桃会没有请他，就自尊心大受打击；唐僧救他出五行山，他就一直对唐僧忠心耿耿。猪八戒也是如此。他本来是天宫里的天蓬元帅，因为犯了错被打下凡间，结果投错了胎，变成了猪八戒。他不但长得鼻长耳大，而且还好吃懒做。一路上，他常常出乖露丑，没有危险时，卖弄"第一会降妖的是我"，遇到厉害的妖怪就借"出恭"躲到一边再也不敢出来。还有蜘蛛精用肚脐吐丝作为武器，杏花仙既美丽又妖娆多情……一切都是那么亦真亦幻，物性、人性与神性被作者完美地结合在一起。

我的孩子是读着《西游记》长大的。一开始，我们给她买的是一套十册的《西游记》绘本，主要是一些最经典的故事，比如"孙悟空大闹天宫""三打白骨精"什么的。后来，孩子的父亲会在讲睡前故事的时候给她"读"人民文学出版社出的《西游记》的完整版。最后是在四、五年级的时候，她开始自主"阅读"《西游记》的完整版。记得有一天晚上都十点多了，孩子的房间里突然传出了"咯咯咯"的笑声。我推门一看，发现她正趴在床上开心地看着《西游记》。看到我进来，就哈哈大笑着说："妈妈，您看，呆子又犯错了！"

《西游记》真的是可以陪伴孩子们成长的"经典"。幼儿园的时候可以读一遍，小学的时候可以读一遍，长大了还可以继续读下去。而且，《西游记》还有许多玩法。比如，我家宝贝小的时候最喜欢的玩具就是金箍棒。我从未以"性别"来规范她的喜好。我觉得一个女孩子能够心存"侠义"是一件非常酷的事情。还有一次，为了培养她早晨迅速起床的习惯，我就"利用"了她对《西游记》的喜爱。我跟她说："你看，在《西游记》里，唐僧一叫悟空，悟空就会立刻过去，看看师父有什么吩咐。以后你起床的时候，我们就玩这个游戏，妈妈当师父，你当悟空，妈妈一叫你起床，你就像孙悟空一样立刻起来好不好？"她说："好啊好啊！"第二天我们就开始实践这个游戏。果然，我在她床前叫了一声："悟空，起床啦！"她就一骨碌爬了起来，非常快速，再也不是之前磨磨蹭蹭的状态。然后我就表扬她："悟空，今天不错，起床很快！师父去做早饭，你自己穿衣服啊。"不过，当我往厨房走的时候，却听到她在房间里大喊——"师父，我尿尿！"

阅读不方便的时候，孩子还会和她的父亲玩一个他们自己发明的游戏。就像出牌比大小一样，一个人说一个《西游记》里的妖怪，比一比谁说的妖怪更厉害。有的时候两个人没有对"谁更厉害"这个问题达成共识，就会在下次读书的时候，翻一翻书，找一找文本证据，看看谁说得更有道理。这其实就是在训练孩子一种文本细读的能力。

《西游记》这部小说，延续了我们之前在《山海经》和《古神话选释》中的主题，再用有趣且有深意的故事将这些精怪串联起来，是非常好的一个进阶阅读的材料。其实，除了《西游记》外，这个阶段的孩子可以把中国古代的章回体小说当作课外读物来看一看了，比如《封神演义》《杨家将》《说唐》《说岳全传》等等。我们在前面的蒙学阶段已经向大家推荐了这些小说的"小儿书"（中国绘本）版，到了进阶阶段，孩子们应该可以阅读这些小说的全本了。

3.《西游记》的深层阅读

《西游记》是一部最好读，又最难读的小说。说它好读，是因为读者一般都会被它有趣的故事所吸引。说它难读，是因为《西游记》深层的意蕴十分丰富。如果在书中只读出了痛快与有趣，就会像猪八戒吃人参果一样不辨滋味。那么，《西游记》在有趣的故事背后隐藏了什么深层的意蕴呢？读者又应该从哪里入手来把握全书的主旨呢？

要想回答这些复杂的问题，首先需要回答一个简单的问题：谁是《西游记》的主角？大家都知道是"孙悟空"。可是，《西游记》讲的不是唐僧取经的故事吗？为什么主角变成了孙悟空呢？这是在阅读《西游记》的过程中常常被忽略的问题，也是关系到《西游记》主旨的问题。以孙悟空的活动为主线，《西游记》全书可以分为两大部分。第一部分从小说的第一回《灵根孕育源流出　心性修持大道生》到第七回《八卦炉中逃大圣　五行山下定心猿》，讲述的是孙悟空出世的故事。剩下的章节是小说的第二部分，讲述的是孙悟空辅佐唐僧，历经八十一难取得真经的故事。小说的主角从唐三藏变为孙悟空，其实蕴含了作者很深的用意，所谓"游戏中暗藏密谛"（李卓吾《西游记总批》）。那么，这个"密谛"究竟是什么呢？

俗语云"心猿意马"。"心猿"是一个非常典型的佛教用语，形容"心"像个淘气的猿猴一样躁动不安。而《西游记》正是围绕着这一意象展开的。小说中的许多回目、诗赞，都清楚明白地表达了作者把孙悟空当作"心"的物化形象来描写的意图。围绕着孙悟空来展开的主要情节"孙悟空大闹天宫""孙悟空被如来佛祖压于五行山下"以及"孙悟空一路降妖伏魔保护唐僧上西天取得真经"的故事，实际上暗含了"放心""定心"与"修心"的全过程。作者试图用《西游记》这部小说宣扬一种精神境界。这种精神境界就是要求人们摆脱外物的迷惑，收束放纵不羁的"心"以求得"明心见性"，回归到"良知"的自觉境界（此处又有儒学思想的痕迹）。例如小说中八十一难的写作模式颇为雷同，小朋友们读得兴味盎然，但是成人读起来就难免觉得重复。只有我们把八十一难当作一个不断"试炼"的过程，才能理解其中的真意。所谓九九八十一难的魔生魔灭，孙悟空与各种妖魔鬼怪的斗法，不过是表达了"魔由心生，亦以心摄"的艰苦的修心过程，而且这个过程不是"一蹴而就"的，需要反复磨炼自己的"心"。《西游记》告诉读者的是：要想取得真经，最重要的是"修心"。

取经的道路是艰险的，每一次劫难都是对取经队伍里每一个成员意志与品性的考验，更是一次痛苦的磨炼。其实，每个人的人生之路不也如此吗？人的一生中，不是都有欲取之经，都有一条西天之路吗？而今的世界，物质丰富，生活多彩。当人们在这目迷五色的生活中找不到自己本心的时候，也许可以从《西游记》中得到一些启示。

七、作文需要培训吗

现在的学校教育，从二、三年级开始就要求学生练习写作了。而写作常常是令家长和孩子都头痛不已的问题。许多家长跑过来向我咨询如何提高孩子的写作能力。说实话，我实在想不明白，为什么写作会成为这样大的一个问题。因为，我从未教过我的孩子写作，但是她的作文几乎篇篇都是范文，老师在她的作文里会画满表达赞赏的圈圈线。但是，当那么多的家长焦虑地跑来咨询的时候，我觉得自己必须认真面对这个问题，下面就是我对孩子写作的一些建议和思考。

孩子最初的写作常常是从"看图说话"以及"写一段话"开始的。"看图说话"的部分，我已经在前面讲"绘本"的时候提到过。孩子小的时候阅读各种"绘本"，其实就是一种看图说话的训练——一张图，下面有一些相关的文字，讲述了一个故事。学习应该先从模仿而来，就是先看看别人是如何进行"图文讲述"的。

第二个阶段是让孩子明白，写作就是"说话"，就是一种表达。拿到一个题目，家长可以先让孩子说一说。如果还是觉得"写作"困难，家长甚至可以先把孩子"说的话"录下来，然后让孩子把这些话记录下来，再去掉那些口语的部分，整理这些话的条理和逻辑，比如按照时间的顺序说，或者按照空间的顺序说等，最后组成一篇文字。

说了这么多，其实我最想说的还是，要想写好作文，真的需要以"阅读"，尤其是"经典阅读"为基础。古人为什么说"读书破万卷，下笔如有神"呢，为什么说"熟读唐诗三百首，不会作诗也会吟"呢？这背后都是千古颠扑不破的道理，就是一个人脑子里要"有货"，才能"输出"。大脑空空如也，怎么能写出东西来呢？

为了让孩子有所积累，有的家长会让孩子背诵名言警句，背诵成语等等。就像我前面说的，这些都是"经典文本"支离破碎的部分，脱离了它们赖以产生的文本语境，这些内容都是"干枯"而没有魅力的。孩子可以在一段时间内做做样子，积累积累，但是很难长久。只有真正有魅力的文字才能长久地吸引孩子去主动阅读，主动吸收其养分。举一个例子，《诗经·郑风》中有一首诗《风雨》，里面有一句非常著名的话——"风雨如晦，鸡鸣不已"。什么意思呢？就是逆境中见光明，逆境中有持守。《毛诗序》解释此诗为："乱世则思君子不改其度焉。"千百年来，人们常常用"风雨如晦"比喻社会黑暗、前途艰难，用"鸡鸣不已"比喻在如此黑暗的环境中，君子仍不改变自己的气节。如果孩子们在写作相关主题的文章时，把这八个字运用到作文中，是不是立刻就会为这篇作文增色许多？但是，如果不阅读全诗：

风雨凄凄，鸡鸣喈喈。
既见君子，云胡不夷！
风雨潇潇，鸡鸣胶胶。
既见君子，云胡不瘳！
风雨如晦，鸡鸣不已。
既见君子，云胡不喜！

只强迫孩子背诵"风雨如晦,鸡鸣不已"这八个字,孩子能记住吗?即使勉强记住了,他能记得牢固吗?他能灵活运用吗?所以孔夫子说"不学诗,无以言",诚不我欺也。

很多家长还有一个误区,就是认为如果想让孩子作文写得好,就应该让他们多看现代文的材料。其实不是这样的。我们可以对比一下民国那些大家的散文和现代这些作家的散文。我们对读之后就会发现,民国时期那些大家的散文更意味隽永。这是为什么呢?因为民国时期那些大家的语言功底、文学素养是古文;现代这些作家的文字功底是"喔喔喔,公鸡叫"的现代文。而古文无论是在语汇的简约上,还是在文辞的典雅上都比现代文更有优势。所以,受古文熏陶出来的作家,文字的表述会更胜一筹。因此,我认为如果想让孩子们的写作水平有所提高,多读古文才是更好的选择。

其实,写作中的"语汇"问题是最容易解决的,最难解决的是"立意"的问题。前面我们也讲过要"带着思考阅读","阅读"的意义不只是积累好词好句这么简单。"阅读"最重要的意义是提升孩子的思辨力、洞察力、逻辑分析能力。拿到一个题目,孩子首先要考虑的就是如何"立意",然后再说如何文雅且合乎逻辑地把这个立意表达出来。如果没有立意或立意不好,辞藻再华丽,也不过是一堆漂亮的废话。

最后要特别提醒各位家长及老师的是,千万不要用自己僵化的"作文价值观"影响孩子的写作。有一次,一位家长和我分享她和儿子关于作文的一次"交锋"。老师留的题目是"我想养的动物"。孩子一开始写的是"我想养的动物是叶海龙"。想必大家和我一样,都不知道"叶海龙"是什么动物。然后孩子的作文就介绍了一些叶海龙的习性:

叶海龙的学名是Phycodurus eques。它属于海龙科，主要（生活）在隐蔽性好的礁石和海藻生长密集的浅海水域。无论形态、生活习性和食物习性都与海马很相似。因其身上布满形态美丽的绿叶，游动起来，摇曳生姿，被称为世界上最优雅的泳客。分布于南澳大利亚南部及西部海域，通常生活在较为和暖的海水（中）。属肉食性，捕食小型甲壳类浮游生物等。

原来"叶海龙"竟然是这么有趣的小动物！如果我是孩子的家长，看到这篇作文，我会说："哇，宝贝，叶海龙这么好玩呀。你在哪里知道这个动物的呢？你给妈妈讲一讲好吗？"想象一下，这个时候孩子就会兴高采烈地和家长分享他对这个小动物的"研究"，并且在今后的阅读中会特别喜欢看这方面的文本，然后和家长分享，这就在无形当中鼓励了孩子的求知欲。

可是，这位家长在看到孩子作文的时候，眼里就只有作文。她没有想到，孩子的学习是一种综合的训练，不是说写作文的时候就只和语文相关，和生物自然不相关。结果这位家长的处理是，首先，认为孩子写的作文"跑题"了（其实最后加一句点题的话就可以）。其次，她发现这是孩子用手机百度之后的"抄袭"之作，所以对于孩子"不动脑子，太懒"格外生气。表面上看起来好像是孩子不认真。但是，我们想一想，一个八岁的孩子（哪怕是我们成年人），要了解一个陌生生物的习性，除非家里有丰富的参考书，除此之外，他只能到百度之类的地方去搜索信息。我想，如果是我，我也许会表扬孩子的这种探索精神，然后告诉他如何把别人的话"转述"出来。

这篇作文的结果是，在家长的"建议"下变成了"我想养的动物是一条小金鱼"。我们来看一看孩子重写的作文：

我想养的小动物

我想养小金鱼。它的眼睛往外凸。有的腮帮子凸出来，像个圆气球。有的肚子特别大。还有的肚子上布满了色彩斑斓的花纹。

它有一个特别的地方：它睡觉的时候眼睛是睁着的。因为它没有眼皮，所以它睡觉的时候眼睛睁着。

我觉得它很可爱，所以我想养它。

孩子写完了这一版，家长觉得"条理不清晰"，就给孩子"讲了讲由远及近，先描述外形，再色彩的大致思路"。然后在家长的"纠正"之下，最后孩子的作文就变成了下面的样子——

我想养的小动物

我想养小金鱼。它整体上看，像一团红色的东西。走近了看，它的眼睛扁扁的，肚子胖胖的。再走近了看，就能看见它身上色彩斑斓的花纹。

我觉得它外形很可爱，性格好。所以我想养它。

虽然最后这一版表面上看似乎更有逻辑了，但是却丢掉了孩子最纯真的那些表达和观察，显得"面目可憎"。幸好家长还有基本的"审美"，看到这样一个结果，大概也不是很满意，给我发了一个大哭的表情。但是，她并没有想明白问题出在了哪里。其实就是大人用自己那些条条框框的想法框住了孩子的想象力、观察力和表达能力。每当这个时候，我都很无奈。

有一次和本科同学爬山，半路上聊起了孩子们的作文，已经当上家长的同学们开始纷纷吐槽。一个女同学说，她家孩子（四年级）的语文老师留了作文，要求在"路灯""蜜蜂""梅""竹"四个题目里选一个写。这样的题目明显就是要求孩子"上价值"，写一篇"非""真情实感"的作文。一个四年级的孩子，对"奉献""风骨"这些东西有什么真正的理解吗？另一个同学就转述了他儿子的话，"反正我把字数写多一些，其实都是胡说八道或者车轱辘话来回说，但是老师给分数就比较高"。

我非常理解家长对孩子写作的焦虑。高考语文试卷150分，作文就占了60分，这得会做多少道数学大题才能把作文上丢掉的分数平衡回来啊！但是，焦虑的家长往往会病急乱投医。比如，给孩子买作文选，或者学一些"临阵磨枪"式的写作技巧等。我们常说，"取乎上，得其中；取乎中，得其下"。这些都不是训练写作的"王道"。"王道"一定是以大量阅读经典为基础的写作，是以"带着思考阅读"为基础的写作。这个积累一定是慢功夫，所以家长需要在孩子很小的时候就开始注意，不能等到发现孩子不喜欢语文了，抵触写作了才想着解决，那时候就晚了。

所以总结来说，家长在孩子的写作方面需要注意的是：

1．要尽早养成孩子良好的阅读能力和习惯。是的，要提高"写作能力"需要先培养"阅读能力"。阅读是写作前的"输入"，没有"输入"是难以"输出"的。

2．在孩子小的时候，多注意和他们的交流。家长要耐心地等着语言表达能力还不完善的孩子慢慢地把自己想说的话说完，而不是急着说："宝宝，你是不是想……"语言表达是书面表达的预习阶段。语言表达能力强，稍加引导，写作能力就不会弱。

3．最后还是希望家长不要用成人的僵化思维去扼杀孩子美好天真的观察与表达。

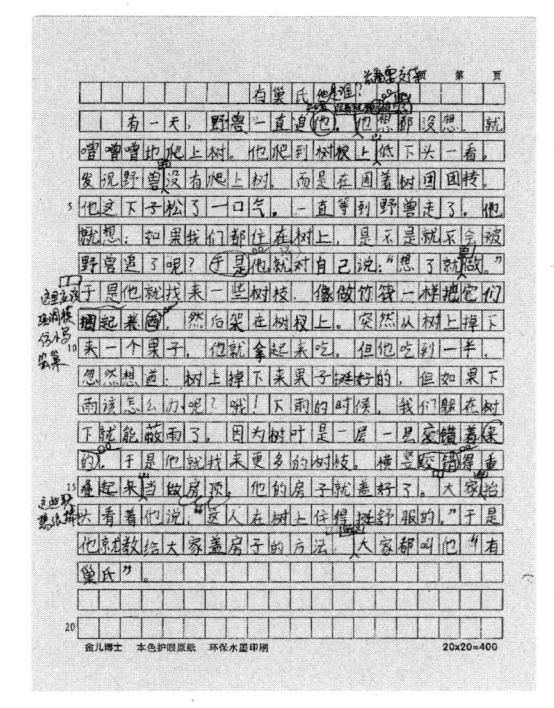

> 有巢氏 他是谁？
>
> 有一天，野兽一直追他，他想：那没想，就噌噌噌地爬上树。他爬到树枝上低下头一看，发现野兽没有爬上树，而是在围着树团团转。他这下子松了一口气，一直等到野兽走了。他就想：如果我们都住在树上，是不是就不会被野兽追了呢？于是他就对自己说："想了就做。"于是他就找来一些树枝，像做竹筏一样把它们捆起来，然后架在树杈上。突然从树上掉下来一个果子。他就拿起来吃，但他吃到一半，忽然想道：树上掉下来果子挺好的，但如果下雨该怎么办呢？哦！下雨的时候，我们躲在树下就能避雨了。因为树叶是一层一层交错着长的。于是他就找来更多的树枝，横是横竖是竖重叠起来当做房顶。他的房子就盖好了。大家抬头看着他们说："女人在树上住得挺舒服的。"于是他就教给大家盖房子的方法。大家都叫他们"有巢氏"。

在闻韶学堂的教学计划中，学生在三年级的时候开始训练写作。最初的写作训练是复述故事。老师和同学共读《古神话选释》中的一个章节，根据这个章节中的故事，给这个神话人物写一个小传。这个写作训练，不但可以暗中督促学生复习课上学过的古文，还会训练他们运用想象添加细节，并展开逻辑思考，将同一个神话人物的不同故事组织起来

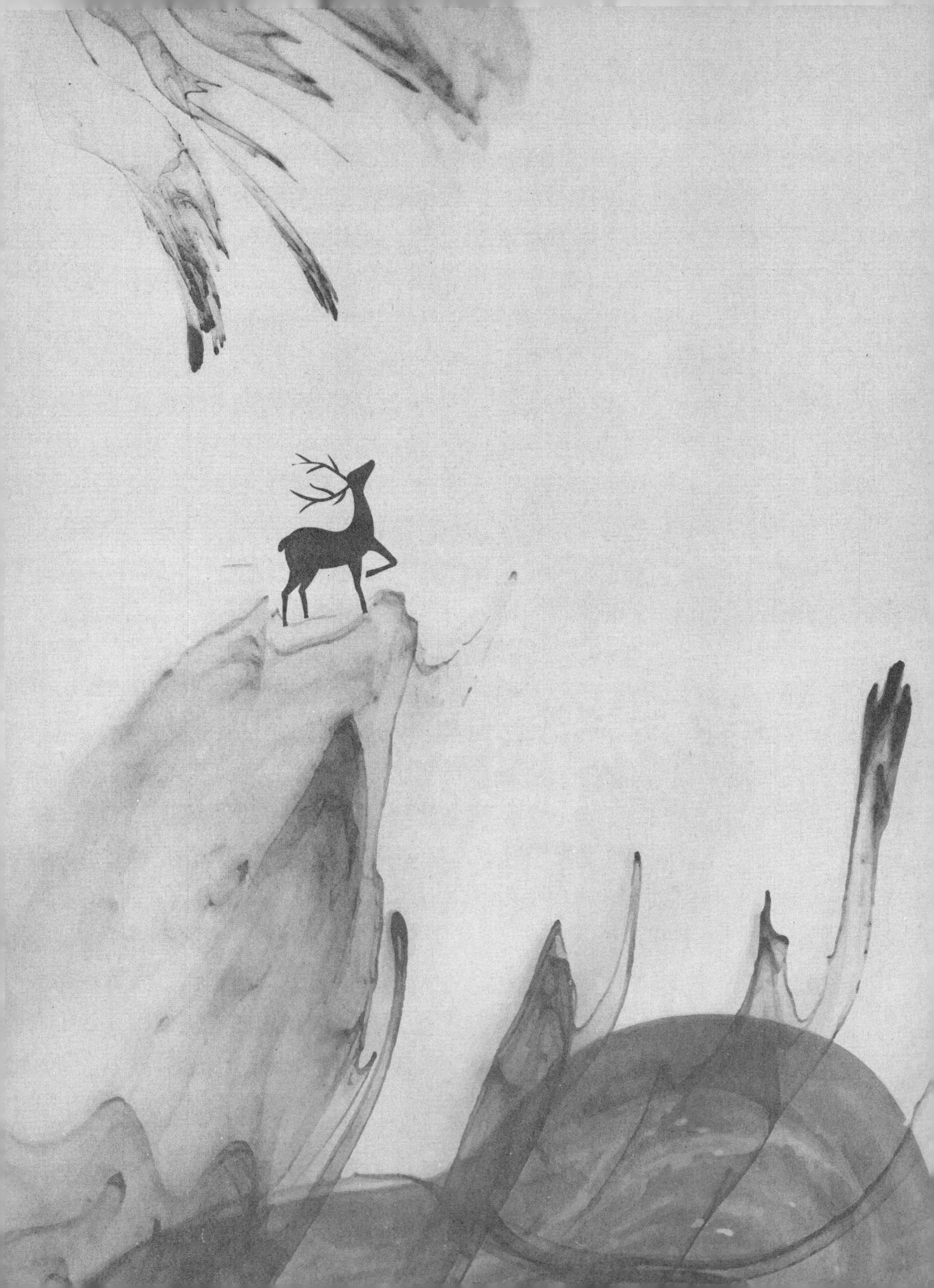

第三辑
高阶阶段：带有研究意味的学习

孩子进入五、六年级以后，我认为就到了孩子学习的高阶阶段。在这一阶段，孩子的学习能力大大提高，也大致理解了学习的意义，会运用理性来安排自己的学习和生活。所以，我们应该在这一阶段引领孩子进行"带有研究意味的学习"。

"带有研究意味的学习"首先就是要选择值得被"研究"的书来读。不同于进阶阶段的开放阅读，这一时期孩子们的业余时间大大缩短，所以他们学习和阅读的策略就应该是集中力量阅读最有价值的书。另外，从学习的阶段来说，高阶阶段也应该开始训练孩子们能够不以喜好来读书的习惯，他们需要运用自己的理性去读那些"该读"的书。所以，这里我还是要强调，让孩子们读"经典"，读人类历史上那些第一流的书。

何谓"带有研究意味的学习"呢？就是不能只局限于知识的输入，而是要开始训练孩子们在"知识"之间"触类旁通"的能力以及他们的思考能力。

首先，在高阶阶段理解国学，学习国学，要学会"文史哲"不分家的学习原则。近代以来，西方现代学术分科体系传入中国，对我们本土的学问来说有一点"水土不服"。庄子在《天下》篇里说：

> 天下大乱，贤圣不明，道德不一，天下多得一察焉以自好。譬如耳目鼻口，皆有所明，不能相通。

所以他不禁感叹——

> 后世之学者，不幸不见天地之纯，古人之大体，道术将为天下裂。

庄子"道术将为天下裂"是对诸子时代的批评，而今天，我们的学问体系大概是"裂而又裂"的时代吧。各门学科，各有壁垒，如盲人摸象般各执一端而无所贯通。落实到孩子的学习上也是如此，现代的教育，"文史哲"分家，应该是最大的问题。

语文的学习，如果单纯地讲"字句""修辞"是学不好语文的。任何的文章、写作，"立意"都是最重要的，立意（哲）立住了，然后要有清晰的逻辑（哲）去表述，以事例、史实（史）去论证，最后才说到"修辞"（文）。一味地追求词句的华美，最后不过就是"华而不实"。很多中小学生的作文一味地追求辞藻及字数，最后再加上一个虚伪的升华，就能得到高分，这无疑是把孩子们的表达往歧途上引。同样的，历史的学习不仅仅是"知识性"的记忆和了解，还需要理解到"历史"所能展现的那些"经验"和"价值"，最后我们当然还需领悟那些历史表述中的"修辞"。"文史哲"不分家的学习方法，我会在下面的具体论述中展开。

在高阶阶段，阅读能力的提升是重中之重。阅读能力是孩子学习一切知识的基础。所以，在高阶阶段培养出孩子良好的阅读能力，对于他们未来的学习，乃至于他们终身的生活、工作都具有至关重要的意义。提到阅读，很多家长和孩子都不是非常理解阅读的要求是什么。他们通常会认为所谓阅读就是"读完一遍"就可以了。其实不是这样的。我在这里要强调，真正的阅读是要——

带着思考阅读

什么叫带着思考阅读呢？就是在阅读当中，我们要"有所得"。"有所得"通常可以在两个方面展开，一个方面是内容部分，了解文本的内容、主题，另一个方面是在思想层面，理解文本的主旨，文本要思考或揭示的问题是什么，作者对这个问题的态度是什么，作者是怎么论述，怎么得出这个结论的，等等。单单知道这本书讲了一个什么故事，看一个热闹，是最初级的阅读。初级阅读的训练，是需要在蒙学阶段和进阶阶段完成的教育目标，分别以培养"阅读的意愿""阅读的广度和速度"为主要目的。但是高阶阶段是孩子形成基本价值观的阶段。因此，这个阶段特别需要家长和老师利用"经典"对孩子们进行正确的引导。如果说，蒙学阶段读"经典"主要以"涵育""熏陶"孩子们的性情为主要方法，那么直面经典，理解经典的义理，以养成孩子正确的价值观，则是进阶阶段和高阶阶段阅读经典的主要目的。

一、《诗经》学习的高阶阶段

《诗经》中"大雅"31篇,"颂"40篇,几乎占《诗经》四分之一的篇幅。大部分的国学培训班,如果有《诗经》课程的话,通常只教"风诗",或者带上几首"小雅"的作品。但是在我看来,《诗经》当中最为重要的部分就是"雅"和"颂",尤其是"大雅"和"颂"的部分文化含量最高。《礼记·乐记》里讲到儒家的"乐教"大约就是以"大雅"和"颂"为样板的。那为什么大部分国学培训班不教"大雅"与"颂"呢?很简单,因为太难了。不仅仅是学生学起来难,教起来也比较困难,因此会对老师的国学素养提出很高的要求。

所谓"雅"者"夏"也,"正"也,即雅乐正声。"大雅"31篇作品的内容以歌颂周人先公先王的功绩,记述周朝的历史、政治、军事等方面的活动为主,是了解周人历史极其宝贵的第一手资料。"颂"则为"美盛德之形容,以其成功告于神明者也"(《诗序》),故"颂"诗的内容以庙堂祭祀的乐歌为主,要想理解这些诗篇,需要对周族的历史有一些基本的了解。总体来看,"大雅"和"颂",较之风诗,多典雅肃穆的作品。

既然"大雅"和"颂"这么重要,那怎么带领着孩子学习这些诗篇呢?下面,我就来介绍一下我的一些教学方法与心得。

1. "文""史""哲"互证阅读

前面已经说过,"大雅"和"颂"的诗篇以记述和歌颂周人先公先王的历史功绩为主要内容。所以,以"周族之历史兴衰"为线索,串联起《诗》中"大雅"和"颂"的相关篇章,在学习《诗经》的过程中,加入对周人历史(故事)的了解,"诗""史"互证,应该是学习这一部分《诗经》作品的很好的方法。

"诗""史"互证乃是"诗经学"研究的基本方法。受后世西学东渐之影响,当代所谓之"文学"概念早已从政教系统中独立出来。然而究其原始,《诗》的品质并没有如此简单。章学诚谓"六经皆史"。孔子说:"我欲载之空言,不如见之于行事之深切著明也。"把周人的历史贯穿进《诗经》的学习,不但有助于以"故事"为线索,激发起学生学习"雅""颂"的兴趣,更能让《诗经》中对周德的"歌颂"落在实处,而不是空发感叹。

所以,学习这一部分的《诗经》作品,需要准备一些历史的材料。我最推荐的还是《史记·周本纪》。

在学习的过程中,我们可以按照《周本纪》的线索,先学习一段"古文",了解基本的史实,再找到《诗经》中与这一段史实相对应的诗篇,然后展开我们的《诗经》学习。

如《史记·周本纪》的开篇讲的是周人始祖"后稷"的故事:

> 周后稷,名弃。其母有邰氏女,曰姜原。姜原为帝喾元妃。姜原出野,见巨人迹,心忻然说,欲践之,践之而身动如孕者。居期而生子,以为不祥,弃之隘巷,马牛过者皆辟不践;徙置之林中,適会山林多人,迁之;而弃渠中冰上,飞鸟以其翼覆荐之。姜原以为神,遂收养长之。初欲弃之,因名曰弃。

《史記·周本紀》原文

传说周人始祖后稷的母亲姜嫄,见到大地上有一个巨人的足印,欣然悦之,就用自己的小脚踩了一下,结果回家后就身动有孕,生下了后稷。现在的姜嫄庙,在广场处复现了这一情节。那,我也去踩一踩吧

弃为儿时,屹如巨人之志。其游戏,好种树麻、菽,麻、菽美。及为成人,遂好耕农,相地之宜,宜穀者稼穑焉,民皆法则之。帝尧闻之,举弃为农师,天下得其利,有功。帝舜曰:"弃,黎民始饥,尔后稷播时百穀。"封弃於邰,号曰后稷,别姓姬氏。

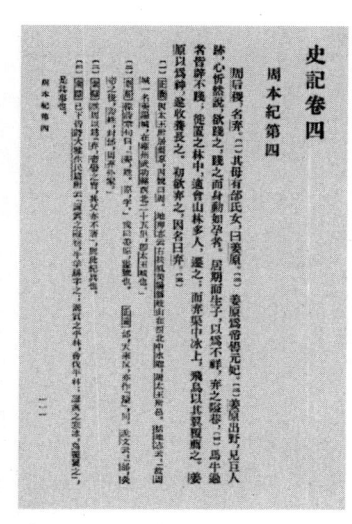

小朋友可以了解到一个神奇的后稷的故事。后稷的妈妈姜原(嫄)在野外看到了一个大脚印,觉得非常惊奇,于是就把自己的脚放进去比比大小,谁想到回来之后就怀孕了("姜原出野,见巨人迹,心忻然说,欲践之,践之而身动如孕者")。怀胎期满,生下一个宝宝,因为觉得这个孩子不祥("居期而生子,以为不祥"),于是妈妈就把他扔掉了三次!哪三次呢?第一次:"弃之隘巷,马牛过者皆辟不践。"第二次:"徙置之林中,適会山林多人,迁之。"第三次:"弃渠中冰上,飞鸟以其翼覆荐之。"三次之后,后稷的妈妈觉得大概这个孩子很神异吧,于是就把他抱回去抚养长大了。因为他曾经被丢弃过,所以他的妈妈就给他起名叫"弃"。

弃长大之后,成为了一个"伟大的人",因为他从小就有一个特别的技能,什么技能呢?这个"技能"可不同于古希腊神话中的英雄,史书里并没有描写他多么孔武有力,更没有去擒猛兽斩蛟龙,他

的技能是——会种地!

这算什么"技能"!这能算"伟大"吗?

当然了!

为什么?这里面透露着中华文明的特征。

我们看看书上是怎么写的——"黎民始饥","民皆法则之","天下得其利,有功"。后稷之所以被后人尊奉,并不是因为他有多么崇高的地位,他的功绩在于,他以自己的智慧解决了百姓非常重要的生存问题,所以后人才会感念他的功劳,赋诗赞美他。

与之相对应的《诗经》中的篇章就是《大雅·生民》:

厥初生民,时维姜嫄。生民如何?克禋克祀,以弗无子。
履帝武敏歆,攸介攸止,载震载夙。载生载育,时维后稷。

诞弥厥月,先生如达。不坼不副,无菑无害,以赫厥灵。
上帝不宁,不康禋祀,居然生子。

诞寘之隘巷,牛羊腓字之。诞寘之平林,会伐平林。诞寘之寒冰,鸟覆翼之。
鸟乃去矣,后稷呱矣。实覃实訏,厥声载路。

诞实匍匐,克岐克嶷,以就口食。蓻之荏菽,荏菽旆旆。
禾役穟穟,麻麦幪幪,瓜瓞唪唪。

诞后稷之穑,有相之道。茀厥丰草,种之黄茂。实方实苞,实种实褎。

> 实发实秀，实坚实好。实颖实栗，即有邰家室。
> ……

学完《生民》后，家长（老师）还可以要求孩子们把《史记·周本纪》中的文字与《生民》中的诗句一一找出对应关系，一方面可以看看他们有没有真正理解文本的意思，另一方面也可以让孩子们体会一下"记叙"的方式与"诗"的表述之间的不同。

我们用这样的方法就可以带着孩子去阅读《史记·周本纪》以及《诗经》中的相关篇章。鉴于这个学习方法需要对《诗经》有一些了解，下面我会把相关的史实与对应的篇章一一找出来，分享给大家。

另外，我在教学的过程中，还会加上一些儒学典籍中对周人先公先王的讨论，这样就可以做到在学习中"文史哲"互相启发。周文明是中国古代文明的基石，孔子说："郁郁乎文哉，吾从周。"（《论语·八佾》）儒学很多"修齐治平"的讨论都是以周人定鼎天下的历史为依据的。所以在历史与文学的表述之外，加上"思想史"对这些史实的讨论，有助于孩子们更为深切地理解周人的传统与我们的古代文明：

(1) 后稷：《大雅·生民》，对应的《史记·周本纪》的部分见上。

《列女传》对"姜嫄"的记述（可以组织孩子们对读《列女传》与《周本纪》记述的不同，并展开讨论）：

> 弃母姜嫄者，邰侯之女也。当尧之时，行见巨人迹，好而履之，归而有娠，浸以益大，心怪恶之，卜筮禋祀，以求无子，终生子。以为不祥而弃之隘巷，牛羊避而不践。乃送之平林之中，后伐平林者咸荐之覆之。乃取置寒冰之上，飞鸟伛翼之。姜嫄以为异，乃收以归。因命曰

弃。姜嫄之性，清静专一，好种稼穑。及弃长，而教之种树桑麻。弃之性明而仁，能育其教，卒致其名。尧使弃居稷官，更国邰地，遂封弃于邰，号曰后稷。及尧崩，舜即位，乃命之曰："弃！黎民阻饥，汝居稷，播时百谷。"其后世世居稷，至周文武而兴为天子。君子谓姜嫄静而有化。诗云："赫赫姜嫄，其德不回，上帝是依。"又曰："思文后稷，克配彼天，立我烝民。"此之谓也。

颂曰：弃母姜嫄，清静专一，履迹而孕，惧弃于野，鸟兽覆翼，乃复收恤，卒为帝佐，母道既毕。

(2) 公刘：《大雅·公刘》，对应的《史记·周本纪》部分为：

鞠卒，子公刘立。公刘虽在戎狄之间，复修后稷之业，务耕种，行地宜，自漆、沮度渭，取材用，行者有资，居者有畜积，民赖其庆。百姓怀之，多徙而保归焉。周道之兴自此始，故诗人歌乐思其德。公刘卒，子庆节立，国於豳。

《孟子·梁惠王下》对"公刘"的讨论：

王曰："寡人有疾，寡人好货。"

对曰："昔者公刘好货；《诗》云：'乃积乃仓，乃裹糇粮，于橐于囊。思戢用光。弓矢斯张，干戈戚扬，爰方启行。'故居者有积仓，行者有裹粮也，然后可以爰方启行。王如好货，与百姓同之，于王何有？"

(3) 古公亶父：《大雅·绵》，对应的《史记·周本纪》部分为：

公叔祖类卒，子古公亶父立。古公亶父复修后稷、公刘之业，积德行义，国人皆戴之。薰育戎狄攻之，欲得财物，予之。已复攻，欲得地与民。民皆怒，欲战。古公曰："有民立君，将以利之。今戎狄所为攻战，以吾地与民。民之在我，与其在彼，何异。民欲以我故战，杀人父子而君之，予不忍为。"乃与私属遂去豳，度漆、沮，逾梁山，止於岐下。豳人举国扶老携弱，尽复归古公於岐下。及他旁国闻古公仁，亦多归之。於是古公乃贬戎狄之俗，而营筑城郭室屋，而邑别居之。作五官有司。民皆歌乐之，颂其德。

《孟子·梁惠王下》对"古公亶父"的讨论：

王曰："寡人有疾，寡人好色。"

对曰："昔者大王好色，爱厥妃。《诗》云：'古公亶父，来朝走马，率西水浒，至于岐下。爰及姜女，聿来胥宇。'当是时也，内无怨女，外无旷夫。王如好色，与百姓同之，于王何有？"

(4) 周室三母及太王：《大雅·思齐》《大雅·大明》，对应的《史记·周本纪》部分为：

古公有长子曰太伯，次曰虞仲。太姜生少子季历，季历娶太任，皆贤妇人，生昌，有圣瑞。古公曰："我世当有兴者，其在昌乎？"长子太伯、虞仲知古公欲立季历以传昌，乃二人亡如荆蛮，文身断发，以让季历。

对应的《史记·吴太伯世家》的部分为：

吴太伯，太伯弟仲雍，皆周太王之子，而王季历之兄也。季历贤，而有圣子昌，太王欲立季历以及昌，於是太伯、仲雍二人乃奔荆蛮，文身断发，示不可用，以避季历。季历果立，是为王季，而昌为文王。太伯之奔荆蛮，自号句吴。荆蛮义之，从而归之千馀家，立为吴太伯。

《论语》中的相关论述：

子曰："泰伯，其可谓至德也已矣。三以天下让，民无得而称焉。"——《论语·泰伯》

《列女传》中关于"周氏三母"的记载与评价：

三母者，大姜、大任、大姒。大姜者，王季之母，有台氏之女。大王娶以为妃。生大伯、仲雍、王季。贞顺率导，靡有过失。大王谋事迁徙，必与大姜。君子谓大姜广于德教。大任者，文王之母，挚任氏中女也。王季娶为妃。大任之性，端一诚庄，惟德之行。及其有娠，目不视恶色，耳不听淫声，口不出敖言，能以胎教。溲于豕牢，而生文王。文王生而明圣，大任教之，以一而识百，卒为周宗。君子谓大任为能胎教。古者妇人妊子，寝不侧，坐不边，立不跸，不食邪味，割不正不食，席不正不坐，目不视于邪色，耳不听于淫声。夜则令瞽诵诗，道正事。如此，则生子形容端正，才德必过人矣。故妊子之时，必慎所感。感于善则善，感于恶则恶。人生而肖万物者，皆其母感于物，故形音肖之。文王母可谓知肖化矣。大姒者，武王之母，禹后有莘姒氏之女。仁而明道。文王嘉之，亲迎于渭，造舟为梁。及入，大姒思媚大姜、大任，旦夕勤劳，以进妇道。大姒号曰文母，文王治外，文母治内。大姒生十男：长伯邑考、次武王发、次周公旦、次管叔鲜、次蔡叔度、次曹叔振铎、次霍叔武、次成叔处、次康叔封、次聃季载。大姒教诲十子，自少及长，未尝见邪僻之事。及其长，文王继而教之，卒成武王周公之德。君子谓大姒仁明而有德。诗曰："大邦有子，俔天之妹，文定厥祥，亲迎于渭，造舟为梁，不显其光。"又曰："大姒嗣徽音，则百斯男。"此之谓也。

颂曰：周室三母，大姜任姒，文武之兴，盖由斯起。大姒最贤，号曰文母。三姑之德，亦甚大矣！

(5) 文王：《大雅·文王》《周颂·清庙》《周颂·维天之命》《周颂·维清》，对应的《史记·周本纪》部分为：

　　公季卒，子昌立，是为西伯。西伯曰文王，遵后稷、公刘之业，则古公、公季之法，笃仁，敬老，慈少。礼下贤者，日中不暇食以待士，士以此多归之。伯夷、叔齐在孤竹，闻西伯善养老，盍往归之。太颠、闳夭、散宜生、鬻子、辛甲大夫之徒皆往归之。

《孟子·梁惠王下》对"文王"的讨论：

　　王曰："王政可得闻与？"

　　对曰："昔者文王之治岐也，耕者九一，仕者世禄，关市讥而不征，泽梁无禁，罪人不孥。老而无妻曰鳏。老而无夫曰寡。老而无子曰独。幼而无父曰孤。此四者，天下之穷民而无告者。文王发政施仁，必先斯四者。诗云：'哿矣富人，哀此茕独。'"

　　王曰："善哉言乎！"

(6) 文王泽及枯骨的故事：《大雅·灵台》，可与《封神演义》第 22 回末到第 23 回对读。

《孟子·梁惠王上》对"文王修灵台"的讨论：

　　孟子见梁惠王，王立于沼上，顾鸿雁麋鹿，曰："贤者亦乐此乎。"

　　孟子对曰："贤者而后乐此，不贤者虽有此，不乐也。《诗》云：'经始灵台，经之营之，庶民攻之，不日成之。经始勿亟（qì），庶民子来。王在灵囿，麀鹿攸伏，麀鹿濯濯，白鸟鹤鹤。王在灵沼，于牣鱼跃。'文王以民力为台为沼。而民欢乐之，谓其台曰灵台，谓其沼曰灵沼，乐其有麋鹿鱼鳖。古之人与民偕乐，故能乐也。《汤誓》曰：'时日害丧，予及女偕亡。'民欲与之偕亡，虽有台池鸟兽，岂能独乐哉？"

[7] 武王：《周颂·武》《大雅·大明》，对应的《史记·周本纪》部分文字很多，节选如下：

> 武王即位，太公望为师，周公旦为辅，召公、毕公之徒左右王，师修文王绪业。居二年，闻纣昏乱暴虐滋甚，杀王子比干，囚箕子。太师疵、少师彊抱其乐器而奔周。於是武王遍告诸侯曰："殷有重罪，不可以不毕伐。"……二月甲子昧爽，武王朝至于商郊牧野，乃誓。……誓已，诸侯兵会者车四千乘，陈师牧野。帝纣闻武王来，亦发兵七十万人距武王……纣师皆倒兵以战，以开武王。武王驰之，纣兵皆崩畔纣。纣走，反入登于鹿台之上，蒙衣其殊玉，自燔于火而死。

《孟子·梁惠王下》对"武王伐纣"的讨论：

> 王曰："大哉言矣！寡人有疾，寡人好勇。"
>
> 对曰："王请无好小勇。夫抚剑疾视曰，'彼恶敢当我哉'！此匹夫之勇，敌一人者也。王请大之！
>
> "《诗》云：'王赫斯怒，爰整其旅，以遏徂莒，以笃周祜，以对于天下。'此文王之勇也。文王一怒而安天下之民。
>
> "《书》曰：'天降下民，作之君，作之师。惟曰其助上帝，宠之四方。有罪无罪，惟我在，天下曷敢有越厥志？'一人衡行于天下，武王耻之。此武王之勇也。而武王亦一怒而安天下之民。今王亦一怒而安天下之民，民惟恐王之不好勇也。"

在学习这段历史的过程中，家长（老师）可以和小朋友一起按照历史的记载，从始祖后稷开始，把周人的世系表（family tree）画出来，看看到文王武王，德行累积多少代才最终赢得了天命的眷顾。

《诗经里的世界》

另外，除了《史记·周本纪》，我还想给大家推荐一本参考书——上海文化出版社出版的《诗经里的世界》（这本书隶属于一套中国历史读物《话说中国》）。

这本书图文并茂，基于历史材料，配上考古文物图，用白话文讲述了周人的历史，是非常生动的一本有关周族历史的参考书，非常适合小朋友们阅读。

2.《诗》不只是文学，还是"经"

《诗经》分为风、雅、颂三个部分。《诗经》当中的"雅""颂"部分非常重要。《礼记·乐记》中说："王者功成作乐，治定制礼。""雅""颂"的作品大多即由此而来。雅，正也。颂，歌颂。"雅""颂"里面有许多对于圣王德行的赞美，对于"诗"之所以能够成为"经"具有特别重要的意义。

以"文王"为例，我们可以看到《大雅》的首篇是《文王》，《颂》的前三篇都是祭祀文王的作品——《清庙》《维天之命》《维清》。而我们都知道，真正实现改朝换代的人是周武王。如果以"功利"的原则来编订《诗经》，雅颂应该以"武王"开篇才对。但是我们现在看到的，经过孔子整理的《诗经》，其中的《大雅》《颂》均以颂美"文王"的作品开篇，这就深刻地体现了《诗经》之所以为"经"的道理，也体现了孔子编订的意义。《诗三百》不能单纯地被讲成"文学作品"，只有做到"文史哲"不分家，才能真正理解这些古代典籍的意义。

那么，为什么在儒学的思想系统中"文王"的功绩会高于"武王"，为什么儒学会认为真正实现天命改换的是"文王"，为什么《诗经》里一再强调要"秉文之德"（《诗经·颂·清庙》）呢？答案就是，儒学之所以一直强调周族"小邦周吞并大邦殷"，"文王以百里"之地，最后"三分天下有其二"，获得"天命"的眷顾，就是要凸显出"德行"的意义与价值：

齐宣王问曰："文王之囿，方七十里，有诸？"

孟子对曰："于传有之。"

曰："若是其大乎！"

曰："民犹以为小也。"

曰："寡人之囿，方四十里，民犹以为大，何也？"

曰："文王之囿，方七十里，刍荛者往焉，雉兔者往焉，与民同之。民以为小，不亦宜乎？臣始至于境，问国之大禁，然后敢入。臣闻郊关之内有囿方四十里，杀其麋鹿者如杀人之罪，则是方四十里，为阱于国中。民以为大，不亦宜乎？"

——《孟子·梁惠王下》

文王受命，有一个标志性的事件，就是"虞芮二侯诉于周"——

西伯阴行善，诸侯皆来决平。於是虞、芮之人有狱不能决，乃如周。入界，耕者皆让畔，民俗皆让长。虞、芮之人未见西伯，皆惭，相谓曰："吾所争，周人所耻，何往为，祗取辱耳。"遂还，俱让而去。诸侯闻之,曰"西伯盖受命之君"。

在先秦时期,民众还未有力量登上历史舞台,所以"民心所向"都体现在各地方伯诸侯的归向上(参见后文《史记》的部分)。文王虽然是一方诸侯,政治上并未具有天下共主的地位,但是,"虞芮二侯诉于周"已经说明文王以其"德行"实际上成为了可以裁断天下事、天下人也乐于以文王为裁断的共主地位。所以在《礼记·乐记》当中,对雅乐有一句总结的话——"君子于是语,于是道古,修身及家,平均天下,此古乐之发也"。什么意思呢?就是说,只有雅乐,古乐(古代诗乐不分),才能够在乐曲结束的时候,让君子来发表一番言论,根据古乐的内容来讲讲什么是修身、齐家、治国、平天下!这是古乐所由产生的意义!我们今天给孩子听完《小苹果》,能接着给孩子讲讲《小苹果》里面的道理吗?所以,雅颂之乐,记述了古代圣王的德行与功业,是我们最该利用的教育小朋友的材料。

最后,我之所以重视《诗经》中"雅""颂"的部分,是希望可以以之匡正我们这个时代的价值观。举个例子,《诗经·大雅·文王》:

> 文王在上,
> 於昭於天。
> 周虽旧邦,
> 其命维新。

这首诗是对文王受命于天,推翻残暴的商纣统治,革新天命的圣德的歌颂。我们今天提到歌颂,歌功颂德,总觉得是溜须拍马。我们这个时代已经不再相信德行，不再相信有英雄有圣王，这其实是我们现代社会最大的悲哀。福柯说过，现代人的致命弱点是什么呢？是他不允许任何东西高于自己，他会将所有历史上的伟大都转化成琐屑、邪恶和不幸。现代人会认为任何朴素的伟大本身都是令人怀疑的，现实中怎么会有不被欲望沾染的正直！生活在没有理想，没有信仰的时代不悲哀吗？

所以，对周族历史的理解，应以后世儒学思想的解读为基础，强调其"德位相应"的政教原则。纣王失德，故失其位；文王有德，故得天命。所以《诗经》雅颂的作品中才会一再地告诫后世的周王及诸侯要"秉文之德"。我经常听到一些人因为受到厚黑学的影响，认为周人说自己以德行得天命，"替天行道"革除殷命，不过是一种政治的宣传，为自己的反叛正名。这里面就涉及如何学习历史的问题。周革殷命是历史的事实，对这一段历史的解读，"以德行改换天命"的说法无疑是最具教育和政治意义的选择，此乃"史"之可以成为"经"的地方。一旦"敬畏天命""倚德而非力"成为政治的共识，那么这样的政治原则同样会成为周人的"紧箍咒"，周人靠德行得天命，如果他们后世失德，同样也会失掉"天命"的眷顾。当我们拉长考察历史的时间维度，那么"德位相应"的原则就会凸显出来。

所以我们今天学习《诗经》，尤其是学习雅颂，就是要让孩子们**理解德行，相信德行，并以这些往圣先贤为楷模，在自我的生命当中，实践德行**。而在所有养成德行的经典中，儒家的四书五经无疑是我们最需重视的材料。

二、《古文观止》"前四卷"读法

在国学学习的高阶阶段,古文的阅读需要进入到"长篇文章"的学习了。这一阶段,《古文观止》是一本很好的教学材料。

《古文观止》是清代吴乘权(字楚材)吴大职(字调侯)叔侄编辑的一个古文选本。它的选目上起自先秦,下迄于明代,是有关中国古代散文的一个非常好的选本,有人认为《古文观止》可以和《唐诗三百首》并称为诗文选本之双璧。

不过,从《论语》的学习过渡到《古文观止》这种长篇古文的学习,对于孩子们来说,一开始仍然会觉得有些难度。而且,《古文观止》里面"先秦"的部分所涉及的东周史实也比较复杂,对小朋友来说,一下子理解和把握《古文观止》的内容以及主旨,是有些困难的。我在实际的教学中,也遇到了这样的问题,如何让孩子们能够进入《古文观止》的世界并有所体悟呢?幸好,最终我还是找到了合适的方法。

我的方法就是,在学习《古文观止》"先秦"部分的时候,让小朋友们配合阅读《东周列国志》的相关章节。

这种读法的好处就是,在《古文观止》中用特别扼要的古文表述的史实,在《东周列国志》里就会用比较浅近的文言把整个故事完完整整地讲述出来,有前因，有后果，有细节。当孩子们在学习《古文观止》相应的古文感到困难的时候，不妨找一找《东周列国志》中相应的章节来对读一下，这样就可以消除古文的陌生感，降低古文学习的难度。例如，《古文观止》中的第2篇文章是《周郑交质》，史实的部分非常简短：

> 郑武公、庄公为平王卿士。王贰于虢，郑伯怨王。王曰："无之。"故周郑交质。王子狐为质于郑，郑公子忽为质于周。王崩，周人将畀虢公政。四月，郑祭足帅师取温之麦。秋，又取成周之禾。周郑交恶。

如果孩子们对这段历史毫无头绪，就无法理解下面的述评：

> 君子曰："信不由中，质无益也。明恕而行，要之以礼，虽无有质，谁能间之？苟有明信，涧溪沼沚之毛，蘋蘩蕰藻之菜，筐筥錡釜之器，潢污行潦之水，可荐於鬼神，可羞於王公，而况君子结二国之信，行之以礼，又焉用质？《风》有《采蘩》《采蘋》，《雅》有《行苇》《泂酌》，昭忠信也。"

其实周郑交质这段史实牵扯到好几代周王和郑伯的故事，内容非常复杂，对错也不是那么容易说清楚的。这个时候，我们就可以让孩子们去读读《东周列国志》。

郑国开国的君主是郑桓公友，他是周厉王的少子，周宣王的庶弟。宣王立二十二年的时候，封友于郑，百姓皆爱之。后来郑桓公又辅佐周幽王为司徒，"和集周民，周民皆说"。《东周列国志》第三回记载了他死于君难的故事（幽王之乱）。郑桓公友去世后，他的儿子掘突继位为郑武公，有护卫周平王之功，所以做了周王卿士。郑武公去世后，郑庄公继位，继续为周王卿士。然而因为本国事多（郑伯克段于鄢），郑庄公久不在任，周平王欲以虢公代替之。此时，周平王东迁于洛邑，领地狭小已近于诸侯，地位有所下降。所以当郑庄公假意辞去卿士职位的时候，周平王不得不刻意挽留，结果就有周郑交质的事情发生。为了表明两不相疑，周王子狐为质于郑，郑公子忽为质于周。这是《古文观止》中《周郑交质》所交代的前半段历史——"郑武公、庄公为平王卿士。王贰于虢，郑伯怨王。王曰：'无之。'故周郑交质。王子狐为质于郑，郑公子忽为质于周。"

后周平王去世的时候，周王子狐从郑国归周奔丧。大概是因为久为人质，心情抑郁，父死，又未能"侍疾含敛"，所以哀痛过甚，到周而亡。其子林嗣立，为周桓王。此时，桓王伤父为质身死，对郑庄公颇为怨望，不顾郑国两世辅佐之功，罢免了郑伯周王卿士的职位——"王崩，周人将畀虢公政"。这才有后面的两次郑国泄愤的行为——"郑祭足帅师取温之麦"与"秋，又取成周之禾"（《东周列国志》第五回）。

只有明晰了这些前后的史实，孩子们才能明白《古文观止》中"周郑交质"的部分实际上是发生在两代周王身上。本来求"互信"的"交质"，是为了关系更加和睦，结果由于各怀鬼胎，最后就走向了它的反面，成了双方交恶的源头。这才是"信不由中，质无益也"这句话的意思。如果王子狐没有去郑国做人质，那么大概率就不会未继承大位而死，后代的周桓王也不会迁怒于郑国。郑国也可保有其卿士的地位，成全他们三世护卫周王的功绩。所以，"周郑交质"是一个特别重要的历史事件，因为"君臣之分，至此尽废矣"（《东周列国志》第五回），周人建立的宗法制度自此开始了它无可挽回的崩解历程。

另外，将《东周列国志》作为理解《古文观止》的参考书，还有一个好处就是，《古文观止》中的文章都是节选，很多时候，只选了那些重要的议论部分，对于这些议论是否真的可行，是否真的判断正确，并未做说明。举例来说，《石碏谏宠州吁》在《古文观止》中的选文，只是记录了石碏对卫庄公讲了一番教育子女的道理——"臣闻爱子，教之以义方，弗纳于邪"，指出了卫庄公宠溺小儿子州吁的错误——"且夫贱妨贵，少陵长，远间亲，新间旧，小加大，淫破义，所谓六逆也"。结果卫庄公不听，等到州吁的哥哥卫桓公继位，石碏就告老致仕了。

石碏讲得是否有道理呢？石碏的预言到底是否应验了呢？《古文观止》里没有答案。这个时候，我们就可以让孩子们去读《东周列国志》的第五回，卫桓公继位之后，他那个恃宠而骄的弟弟州吁果然伙同着石碏的儿子石厚，行了篡弑之谋。石碏当年的预言一一兑现，证明了石碏那番教子言论的正确性。第六回，石碏借助于陈国的力量，诛杀了州吁。州吁在位时间很短，为了一己贪念，享一时富贵，最后却身首异处，所以史官有诗叹曰："屈指为君能几日，好将天理质苍穹。"我们通过《东周列国志》看到了父亲过分骄纵宠爱儿子的下场，也更能心悦诚服地接受石碏的那番道理了。

但是，《东周列国志》其实也为我们提供了另外的视角，州吁篡弑一直都是在石碏儿子石厚的撺掇之下进行的。最后石碏虽然大义灭亲，杀了自己的儿子，但是我们会发现，石碏讲述教子的道理时振振有词，分析别人教子的问题时也是入木三分，但是为什么在教育自己儿子的问题上却失败了呢？这个时候，我们就可以让孩子们体会到理论与实践之间的张力。

另外，《古文观止》中的文章可以打破顺序，按照主题来读。比如"郑伯克段于鄢"这段历史在《古文观止》中分别收录了《左传》的解读和《谷梁传》的解读，但是分别收录在卷一和卷三。我们在教授这一部分的时候，可以把两段文字放在一起对读。一方面可以让孩子们理解到春秋三传之间章法的不同，另外也可以丰富孩子们对"郑伯克段于鄢"这段文字的价值判断。

另外，卷一的《石碏谏宠州吁》可以和卷四的《触龙说赵太后》放在一起读，都是关于"教子"的主题，可以让孩子们分别记住"臣闻爱子，教之以义方，弗纳于邪"（语出《石碏谏宠州吁》）和"父母之爱子，则为之计深远"（语出《触龙说赵太后》）两句。关于齐国的历史，《齐桓公伐楚盟屈完》《齐桓下拜受胙》《展喜犒师》《齐国佐不辱命》可以放在一起来读。卷一的《宫之奇谏假道》可以和卷三的《虞师晋师灭夏阳》放在一起读，一个是从虞国的角度，一个是从晋国的角度来记录"假虞灭虢"这一历史事件，双方那些智谋之臣对世事与人性的判断无不令人击节赞叹。

《古文观止》的版本很多，我至今没有见到特别出挑的适合拿来上课的版本。我选择的是一个上海古籍出版社出版的施适校点的本子，主要是因为它没有白话译文，可以强迫孩子古文思维，但是这个版本字词的解释相对弱一些。如果孩子的程度没有那么好，没有白话译文的帮助，他们读起来确实有些困难，所以大家可以根据孩子的古文程度自行选择。

三、《史记》读法

《古文观止》卷五的主题是"汉文",收录的是汉代的文章,但是我们仔细看就会发现,除了《报任少卿书》这篇文章外,其他的选文均出自《史记》。所以,在我带着学生读完了《古文观止》前四卷后,我会带领着学生进入研习《史记》的阶段。

《史记》是中国古代的第一部通史。鲁迅先生盛赞《史记》为"史家之绝唱,无韵之离骚"。我们阅读《史记》要选择好的版本,学界公认的最好的读本是中华书局出版的十册的繁体竖排的《史记》。

当然,很多人看到"繁体竖排"就头大,其实这个版本看起来非常舒服,我们只需放下心中那些固有的认为"繁体竖排"繁难的观念,就可以慢慢感觉到这种排版的魅力。当然,如果实在读不了,大家也可以去买那些简体横排的版本。但是,我仍然需要提醒大家,我一贯的读书经验是——不要买"节选本"(可以买"选本"),不要买"白话译本"(可以买带注释的版本)。尤其是对小朋友们来说,阅读经典一定要选择严谨持正的版本。

《史记》是大部头的著作,在思想上非常深刻,同时又笔力遒劲,有一些修辞的写法特别需要大家认真体会。古今讲《史记》读法的文章很多,在此我只讲一讲自己特别有心得的地方。

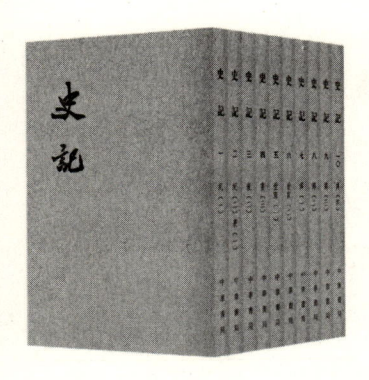

1. 阅读《史记》应从最后一篇开始

首先，阅读《史记》不能像通常的阅读那样从头开始，而是应该从最后开始。我带着孩子们研读《史记》，第一篇要读的文字是《太史公自序》。这篇文章是列传的最后一篇，也是整部《史记》的最后一篇。为什么要从这篇文章读起呢？因为《史记》全书的主旨、作者写作的意图在这篇文章中有清晰的阐述。只有了解了太史公写作《史记》的目的，我们才能在后面阅读具体文章时把握住文字背后的真精神。另外，研读《太史公自序》还有一篇需要辅助阅读的参考文献，就是《报任安书》。《报任安书》正好被收录在《古文观止》卷五中，标题为《报任少卿书》。

《太史公自序》开篇就讲述了太史公家族的志业传统：

> 昔在颛顼，命南正重以司天，北正黎以司地。唐虞之际，绍重黎之后，使复典之，至于夏商，故重黎氏世序天地。其在周，程伯休甫其后也。当周宣王时，失其守而为司马氏。司马氏世典周史。

当代国人已经对所谓家族事业几乎没有理解。这一点是非常令人遗憾的。为了能够明白太史公作《史记》的使命感，我们必须回到周人所谓"王官之学"的历史传统中去理解这个问题。

所谓王官，即周王室的官员。这个官员同时就是与这个部门有关的一门学术的传授者。这些官吏和当时的封建诸侯一样是世袭的，即此官员之家族是世习其业，又世袭其官的。世族、世业、世官合而为一。一个家族在漫长的世代更替中，执着一念，经验的累积是惊人的。所以，当时的学术专属于王官所有（无私学），而且是仕学合一，官师一体，治教不分的。那么王官之学的好处是什么呢？曾海军先生在《明先王之"所以迹"》这篇文章中解释道：

> 让一个氏族的世代相继担负着世业的文化传承，从而给一种生物性的延续赋予了文化的尊严，并最终塑造出学术尊严高于个体生存的王官之制。
>
> 世业的文化传承背后，延续着一种学术的统绪，并逐渐积淀成一种道统的力量。

也就是说在世族世业面前，个人的成败荣辱乃至生命都是微不足道的，个体的生命只有放置到对世族世业的维系与传承中才能彰显其意义与价值。因此，世业所形成的"传统"成为约束与激励后人的巨大力量。我们在齐国史官记录崔杼弑君的史实中可以深刻地感受到这种力量。公元前548年，齐国的大臣崔杼弑杀了齐国的国君齐庄公，一时权势熏天。可是，齐国的史官却不畏权贵，秉笔直书，直接记录了崔杼弑君的行为：

> 大史书曰："崔杼弑其君。"崔子杀之。其弟嗣书而死者二人。其弟又书，乃舍之。南史氏闻大史尽死，执简以往。闻既书矣，乃还。
>
> ——《左传·襄公二十五年》

每次读到这段记录，我都会心潮澎湃。齐国太史一族，不惜在这次事件中殒命三人，到最后第四位太史还是直书"弑君"，这种不屈的气节使得敢于弑君之权臣崔杼也不得不低头折服。尤其是史书中提到的南史氏（齐国南部诸侯国的史官）尤其令人感佩。这件事本来与他无关，大部分人避之唯恐不及，可是在他听说"大史尽死"的时候，为了维护史官的尊严和传统，"执简以往"！这是怎样的精神可以让人不避刀镬而一往无前呢！一个家族世代担负着一种世业的文化传承，受此家族传统熏陶长大的人，自然肩负着一种使命感，这种使命感可以超越"生物性的延续"，即超越个体生命的生存，从而去追求对一种文化尊严的维系。这正是太史公"人固有一死，或重于泰山，或轻于鸿毛"之谓也。了解了这种传统的力量，我们才能真正明白太史公之所以可以忍受腐刑之辱，以完成《史记》的意义。

对太史公这种情怀的理解，其实是对孩子的一种无形的教育。人生在世，难免遇到挫折，受到误解或不公的待遇。很多时候，我们都不是制定规则的那个人。在顺境的时候做出成绩，几乎每个人都可以办到。可是，在逆境之中犹能坚忍不拔，不放弃自己的理想，才是最令人敬佩的人。所以孔子才会盛赞："岁寒，然后知松柏之后凋也。"

2.《史记》到底应该叫什么名字

在《报任安书》里，太史公对《史记》的创作意图有一个集中的概括——

> 究天人之际，通古今之变，成一家之言。

太史公所谓"究天人之际"乃是其先祖"世序天地"的延续。天地之间有"大道"，此乃支配着这个世界的力量或原则。而史官来源于"巫史"，因此"究天人之际"的任务乃是后世史官应有之职志。

《史记》的完成是司马谈、司马迁父子两代人接续努力的结果。弥留之际，司马谈以未竟之著述托付于子迁：

> 幽厉之后，王道缺，礼乐衰，孔子脩旧起废，论诗书，作春秋，则学者至今则之。自获麟以来四百有余岁，而诸侯相兼，史记放绝。今汉兴，海内一统，明主贤君忠臣死义之士，余为太史而弗论载，废天下之史文，余甚惧焉，汝其念哉！

太史公写作《史记》的目的是"究天人之际，通古今之变，成一家之言"。司马迁的这种理想，是其家族"世序天地"的志业传统的延续。古代巫史不分家，商代甲骨是占卜祭祀（巫）与记录（史）相结合的最早物证

司马谈希望司马迁可以以孔子作《春秋》为榜样，补史之阙。司马迁续作《史记》，也是一直以《春秋》为准则的。他借用董仲舒的话，对《春秋》有一个总结——《春秋》是"孔子知言之不用，道之不行"的情况下，为了"达王事"的一部著述：

> 孔子知言之不用，道之不行也，是非二百四十二年之中，以为天下仪表，贬天子，退诸侯，讨大夫，以达王事而已矣。子曰："我欲载之空言，不如见之于行事之深切著明也。"夫《春秋》，上明三王之道，下辨人事之纪，别嫌疑，明是非，定犹豫，善善恶恶，贤贤贱不肖，存亡国，继绝世，补弊起废，王道之大者也。

珠玉在前，以及家族使命，激发起司马迁"舍我其谁"的豪迈：

> 太史公曰："先人有言：'自周公卒五百岁而有孔子。孔子卒后至于今五百岁，有能绍明世，正《易传》，继《春秋》，本《诗》《书》《礼》《乐》之际？'意在斯乎！意在斯乎！小子何敢让焉。"

于是太史公"罔罗天下放失旧闻，王迹所兴，原始察终，见盛观衰，论考之行事，略推三代，录秦汉，上记轩辕，下至于兹"，书成"凡百三十篇，五十二万六千五百字，为太史公书"。司马迁以"究天人之际，通古今之变"为念，以"成一家之言"。所以，太史公自己给这部著述起的名字是"太史公书"。这种命名方式，与《孟子》《荀子》一样，表达了作者希望能够"成一家之言"的理想。

3.《史记》为何以"黄帝"开篇

任何一部经典的开篇都是非常非常重要的。之前我们讲过《论语》以"学而"开篇的意义。《史记》的开篇，也是非常值得我们深思的地方。

我们一直把《史记》称为"中国第一部纪传体通史"。所谓"通史"，就是要从历史的开端处写到当代。那么，"黄帝"是中国历史的开端吗？我们来读一下《五帝本纪》的开篇：

> 黄帝者，少典之子，姓公孙，名曰轩辕。……轩辕之时，神农氏世衰。

这就说明在黄帝之前，中华大地上早有"少典之族""神农之世"。所以，唐代的史学家司马贞对此特别不满，他说："太史公作《史记》，古今君臣宜应上自开辟，下迄当代，以为一家之首尾……三皇以还，载籍罕备，然君臣之始，教化之先，既论古史，不合全阙。"因此，他特意为《史记》补了一篇《三皇本纪》置于《五帝本纪》之前。

其实，对文明起源（Beginning）的探索，一直是人类文化不断追寻的主题。《圣经》以神的力量作为这个世界的起点，达尔文的《物种起源》《人类起源》两部著述也是在探寻文明起源的问题。《史记·历书》中言："王者易姓受命，必慎初始"。在《五帝本纪》最后的"太史公曰"里也说到"然《尚书》独载尧以来"。那么，太史公以"黄帝"为起点，就一定有其特殊的旨意在。

首先，我们可以得到的结论是，以"黄帝"为起点，一定不是一个"人之为人"的生物学或人类学意义上的物种起点，不是"人之初"的那个点，而是一个可以"成一家之言"的独特的"社会—政治"起点。那么这个起点的意义是什么呢？ 钱穆先生在《黄帝》这本著述中说：

> 但是到了他（指黄帝），似乎有一个时期的激剧发展。在他以前，人类只是应付自然环境，人与人间很少可以纪念的事情。

我们看中国古史对黄帝之前的记载，"有巢氏""燧人氏""伏羲氏"（畜牧业）、"神农氏"（农业），的确是以"应付自然环境"为主。到了"黄帝"，从"人与自然"的关系开始转换到"人与人"的关系阶段。但是，"人与人"的关系仍然是有很多面向，那以"黄帝"开篇的意义究竟所指何在呢？

考籍《五帝本纪》，我们会发现一种有规律的表述：

> 黄帝：监于万国。万国和。
> 颛顼：日月所照，莫不砥属。
> 帝喾：日月所照，风雨所至，莫不从服。
> 尧　：百姓昭明，合和万国。
> 舜　：四罪而天下咸服。

然后我们再与《五帝本纪》开篇，黄帝出世时候的"社会—政治"样态作一番对比——

> 神农氏世衰，诸侯相侵伐，暴虐百姓，而神农氏弗能征。

由此可见，在太史公的表述中，黄帝的功业以及此后四帝的功业中有一个一致的表现，那就是"统一"。而且，我们还会发现，从"万国和"到"合和万国"，从"莫不砥属"到"莫不从服"，最后至于"天下咸服"，是一个有递进关系的"统一"。而与此"递进统一"相对应的是，太史公对五帝"德行"的表述也有一种"精进"：

> 黄帝：长而敦敏，成而聪明。
> 颛顼：静渊以有谋，疏通而知事。
> 帝喾：仁而威，惠而信，修身而天下服。
> 尧　：其仁如天，其知如神。
> 舜　：天下明德皆自虞帝始。

综上，我们可以得出太史公关于《五帝本纪》以"黄帝""颛顼""帝喾""尧""舜"为历史开篇的意义，那就是太史公对国史"联合统一""以德为治"的强调。

太史公以"黄帝"为中国历史的开端，我认为还有另外一层深意在。如果我们按照《五帝本纪》的说法，勾勒出五帝的族群世系的话，我们可以得到这样一张图：

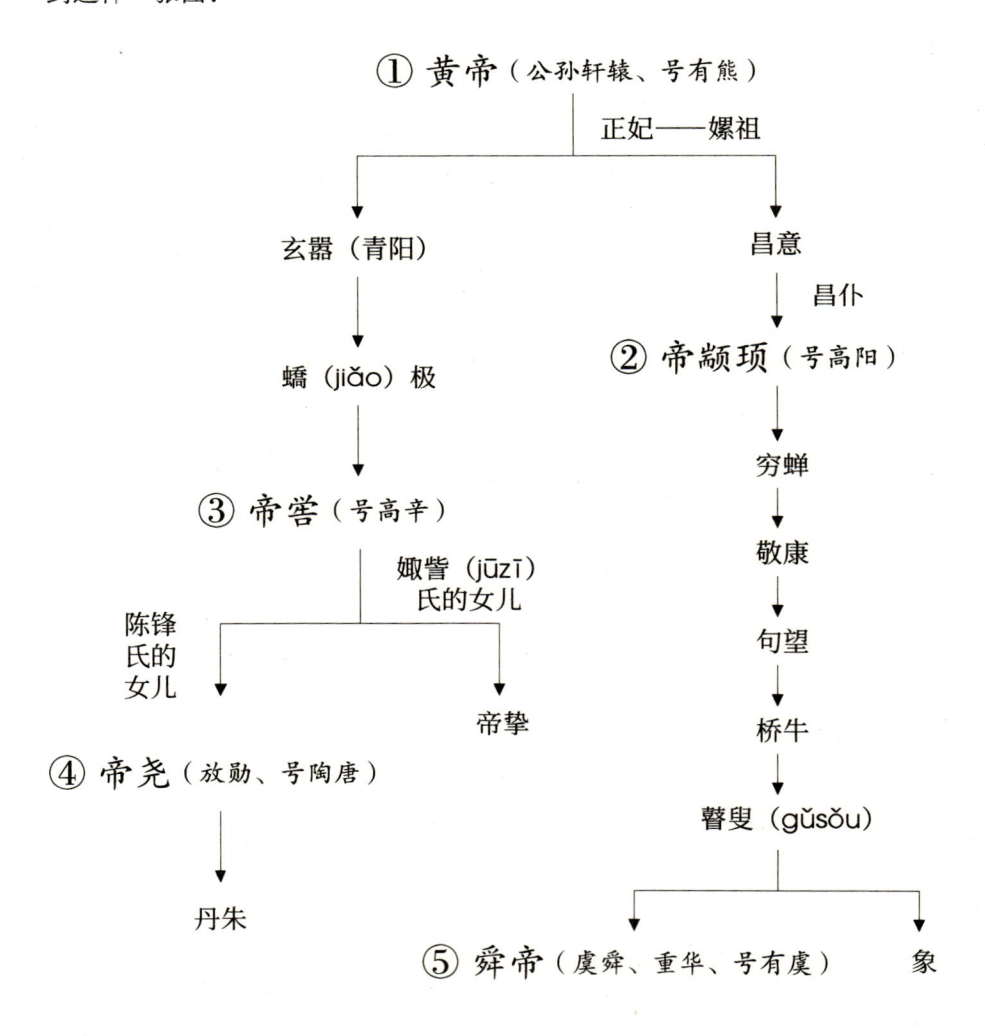

```
①黄帝（公孙轩辕、号有熊）
        │
      正妃——嫘祖
    ┌───┴───┐
  玄嚣（青阳）    昌意
    │            │
    │           昌仆
    │            │
  蟜（jiǎo）极   ②帝颛顼（号高阳）
    │            │
  ③帝喾（号高辛） 穷蝉
    │            │
  娵訾（jūzī）   敬康
   氏的女儿       │
 ┌──┴──┐       句望
陈锋   ↓         │
氏的  帝挚       桥牛
女儿              │
 │              瞽叟（gǔsǒu）
 ↓            ┌──┴──┐
④帝尧（放勋、号陶唐）  ⑤舜帝（虞舜、重华、号有虞）  象
 │
丹朱
```

帝颛顼是黄帝的孙子，帝喾是黄帝的重孙，尧、舜也是黄帝的后裔。而且，如果我们再往后研读《夏本纪》《殷本纪》和《周本纪》，乃至于《秦本纪》，我们可以继续往下画这个世系图：

> 夏禹，名曰文命。禹之父曰鲧，鲧之父曰帝颛顼，颛顼之父曰昌意，昌意之父曰黄帝。
> 殷契，母曰简狄，有娀氏之女，为帝喾次妃。
> 周后稷，名弃。其母有邰氏女，曰姜原。姜原为帝喾元妃。
> 秦之先，帝颛顼之苗裔孙曰女脩。

也就是说，五帝之后的夏、商、周三代的王朝世系，基本上均出于黄帝一家，甚至包括秦人亦是颛顼的后裔，楚人为颛顼的后人，越人为禹的后人，等等。从五帝到三代，到先秦的各个族裔，基本上在中国历史的源头处奠基处出现的王朝，均可归为黄帝一系。

这符合历史的真实吗？美国学者伊佩霞（Patricia Buckley Ebrey）在《剑桥插图中国史》中说：

> 通过研究地质学、古人类学和考古学，现代学者会毫不令人惊讶地构造出中华文明起源的不同故事。……他们没有把中国历史看作是以王朝世系为中心的单线发展的历史，而是把它看作是多元发展的历史，各种优秀的文化相互作用……这些文化相互影响，共同参与了中华文明的演进。

《左传》当中对五帝的记载，也认为他们之间应该没有血缘之亲，而是不同地区的方伯首领。这其实应该比较符合当前考古学的研究，中华民族是由多民族融合而成的，早期文明是"满天星斗"的状态。

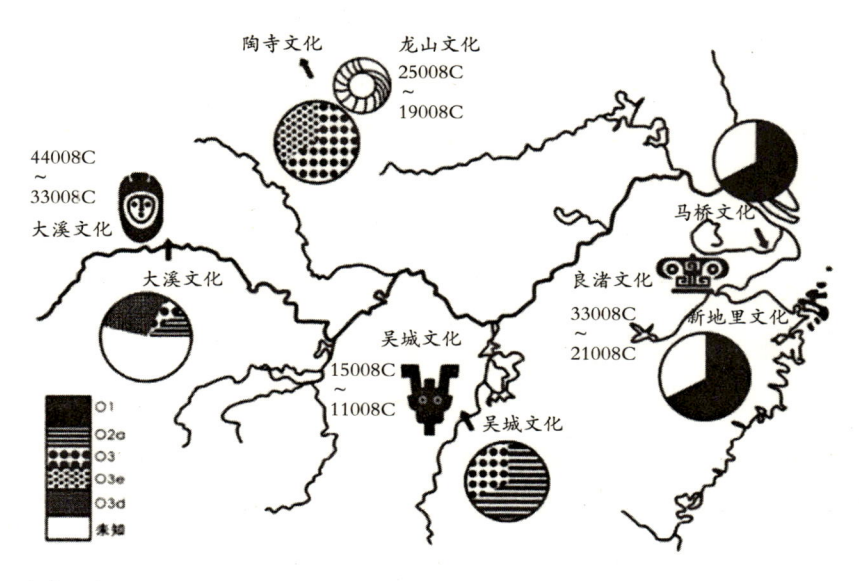

各考古遗址位置及 Y 染色体 SNP 单倍型类群分布图，图片源于《人类遗传学》（德）

当然，五帝一系的说法，最早也不是太史公凭空臆造出来的。太史公对五帝及三代之血缘关系的表述，主要取材于《五帝德》，尤其是《帝系》。但是，我们仍需思考的问题是，为什么太史公"采用"了这样一种讲法。德国哲学家谢林（Schelling）曾经问过这样一个问题：什么东西构成为民族性？什么是民族的真正的起源？他的答案是"语言与神话"。《史记·五帝本纪》把五帝之间的关系定位为血缘之亲，为塑造出一个中华民族共同体奠定了坚实的文化基础。况且，这种表述也能够反映出此后民族融合的历史进程。李零先生在《我们的中国》里说：

我们说"什么是最早的中国"，应该注意两个最基本的前提：第一，既然讲中国，首先要有"国"的形成，要有国的出现；第二，要有"中"的形成。如果国家根本没有形成，如在新石器时代，无所谓"中国"；在国家形成后，我们知道有很多小的国家，如果没有一个文明中心对周边形成强大的吸引力，吸引它们加入其中，构成中国的核心地区，那也还没有"中"的形成。

因此，太史公写作《五帝本纪》其实是以史家的身份，为我们的文化立了一个"中"，立了一个"大本""大源"，此正所谓"究天人之际、通古今之变"的"成一家之言"也。

最后顺便说一下如何读"史"的问题。孔子作《春秋》，既是"史"也是"经"。史官与孔子的区别之处，不在于对历史发生过的事实有争议，而在于如何表述这些事实。前面我们讲过"文史哲不分家"的问题。历史之重要性在于它是"道"在时间中的展开。立足于不同的"道"，我们就会看到不同的历史。立足于"厚黑学"，我们只会看到历史中的权谋倾轧；立足于儒学的思想传统，我们会看到"德位相应"的历史意义。所以，对历史的讲述，也以其能否体现"道"之意义，体现何种"道"为衡量之标准。读者阅读历史，也应以体味其中之"道"为核心要义！因此，传"大道"的史书应该是我们读"史"的首选。

4. 以诸侯之去就代表"民意"

"究天人之际，通古今之变"是太史公写作《史记》的首要目标。"天人之际"，"古今之变"会体现在很多方面，比如王朝更迭，背后的支配原则到底是什么呢？上古蒙昧，以无可言说之"天命"为归因，但是自从商纣王说"我不有命自天"之后，周人特意标举出"天命靡常，惟德是辅"的政治原则。这一原则也成为此后中国政治的首要原则。但是，"天地不言"，谁有德，谁失德，如何裁断呢？于是，周人继续把"天命"解读为"天视自我民视，天听自我民听"，这就是后来被儒学思想总结为"民本"思想的来源处，"民心所向"，是"德"与"不德"的风向标。

但是，我们必须了解到的是，在秦末陈胜吴广起义之前，除了极为有限的民众政治事件外（如周厉王时期的"国人暴动"），真正的在那个时代能够站上政治舞台的仍然是贵族阶层。在大一统未完成之前，各地"方伯""诸侯"的归向，才是当时所谓"民心"的代表，才是"德"与"不德"的风向标。所以，观察"诸侯"之动向，乃是我们解读《史记》的一个要点。李霖老师在《〈史记〉之取裁与太史公之述作》一文中对此做过详细的阐释。他以《五帝本纪》开篇一段文字为例：

> 轩辕之时，神农氏世衰。诸侯相侵伐，暴虐百姓，而神农氏弗能征。於是轩辕乃习用干戈，以征不享，诸侯咸来宾从。……炎帝欲侵陵诸侯，诸侯咸归轩辕。……蚩尤作乱，不用帝命。於是黄帝乃徵师诸侯，与蚩尤战於涿鹿之野，遂禽杀蚩尤。而诸侯咸尊轩辕为天子，代神农氏，是为黄帝。

一开始，"诸侯相侵伐"，华夏处于混战无序的状态。此后轩辕崛起，从"诸侯咸来宾从"到"诸侯咸归轩辕"，成就了轩辕氏从一方伯主，到"天下霸主"，再到"天下共主"地位的转变。而太史公对轩辕氏的称谓也随着天下诸侯的动向而做着调整，从"轩辕"变为了"帝"和"黄帝"。而且，这种称谓的调整，是从实际上的"诸侯咸归轩辕"就开始了，而没有等到仪式上的"诸侯咸尊轩辕为天子，代神农氏"的时候。

除此之外，以诸侯之去就来代表"民意""天意"，在后面的禅让情节中亦有体现：

> 尧崩，三年之丧毕，舜让辟丹朱於南河之南。诸侯朝觐者不之丹朱而之舜，狱讼者不之丹朱而之舜，讴歌者不讴歌丹朱而讴歌舜。舜曰"天也"，夫而後之中国践天子位焉，是为帝舜。
>
> 三年丧毕，禹亦乃让舜子，如舜让尧子。诸侯归之，然後禹践天子位。

很多人不是很明白儒学讲"禅让"的意义，他们以"厚黑学"的视角认为这不过是历史的虚伪处，是胜利者的书写。其实，对这个问题的认识，孟子早就有过非常高明的阐释：

> 万章曰："尧以天下与舜，有诸？"孟子曰："否。天子不能以天下与人。""然则舜有天下也，孰与之？"曰："天与之。""天与之者，谆谆然命之乎？"曰："否。天不言，以行与事示之而已矣。"……曰："使之主祭，而百神享之，是天受之；使之主事而事治，百姓安之，是民受之也。天与之，人与之，故曰天子不能以天下与人。……尧崩，三年之丧毕，舜避尧之子於南河之南，天下诸侯朝觐者，不之尧之子而之舜；讼狱者，不之尧之子而之舜；讴歌者，不讴歌尧之子而讴歌舜，故曰天也。夫然后之中国，践天子位焉。……《太誓》曰：'天视自我民视，天听自我民听。'此之谓也。"
>
> ——《孟子·万章上》

其实，不只是"禅让"，就连后面从"禅让"到所谓"家天下"的过渡，我们关注着"诸侯"的动向，也能有更为深刻的认识：

> 十年，帝禹东巡狩，至于会稽而崩。以天下授益。三年之丧毕，益让帝禹之子启，而辟居箕山之阳。禹子启贤，天下属意焉。及禹崩，虽授益，益之佐禹日浅，天下未洽。故诸侯皆去益而朝启，曰："吾君帝禹之子也。"于是启遂即天子之位，是为夏后帝启。

很多人认为"家天下"是政治败坏的开始。但是，在禹、启相继为帝的事件中，道德原则并没有改变：

> 万章问曰："人有言'至於禹而德衰，不传於贤而传於子'，有诸？"孟子曰："否，不然也。天与贤，则与贤；天与子，则与子。"
> ——《孟子·万章上》

如果"贤者"恰恰是"子"，我们当然是可以"举贤不避亲"的。"诸侯皆去益而朝启"此乃"天意""民心"之所在也。

此后，在改朝换代的时刻，在成伯称霸的过程中，诸侯的归向都会成为"天命"的代言，如武王前后两次伐纣，代表"天命"的"诸侯"就有不同的表现：

> 是时，诸侯不期而会盟津者八百诸侯。诸侯皆曰："纣可伐矣。"武王曰："女未知天命，未可也。"乃还师归。……居二年，闻纣昏乱暴虐

滋甚,……十一年十二月戊午,师毕渡盟津,诸侯咸会。

——《史记·周本纪》

武王为何两次伐纣,一直是史学界未能完全破解的疑问。第一次伐纣,武王说"天命未集",也许和诸侯没有全部到来表示支持有关。到了第二次,"诸侯咸会",天命已彰,武王最终完成了改朝换代的大业。另外,《齐太公世家》中记载齐桓公称霸的时候,诸侯的归向也是标志。

诸侯闻之,皆信齐而欲附焉。七年,诸侯会桓公于甄,而桓公于是始霸焉。

——《史记·齐太公世家》

中国古代社会以王朝更迭为历史的大线索,而在这线索的背后,究竟是什么在主宰着历史的发展,天选之人到底如何界定,也许我们可以从《史记》对"诸侯"的描写中来一窥太史公对"究天人之际,通古今之变"的思考。

5. 留意那些重复排比的部分

鲁迅先生曾盛赞《史记》是"无韵之离骚"。我们在阅读《史记》的时候,也需特别留意一下太史公的修辞。关于《史记》的研读技巧有很多,我在这里只想强调一点——要留心文本当中那些重复排比的表述。比如前面我们在《五帝本纪》当中提到过的,对于五帝治理结果的带有重复意味的表述,恰恰是需要我们特别留意的地方。现在流行说"重要的事情说三遍",《史记》的修辞早就践行了这样的原则。

例如,在《周本纪》中,太史公对于周文王之前的周人先祖的记述就颇耐人寻味。我们在前面《诗经》的部分讲过周族的历史，周人用几代先祖累积之德行最终赢得了天命的眷顾。"后稷"作为始祖，奠定了周人的主要传统，即"教民农作"，部分解决了"黎民始饥"的问题，因此"民皆法则之""天下得其利，有功"。所以，此后对周人先祖的记述就一直以是否追慕"后稷"为臧否的原则。如果没能继承"后稷"的遗志，在史书中都被一带而过：

后稷卒，子不窋立。不窋末年，夏后氏政衰，去稷不务，不窋以失其官而奔戎狄之间。不窋卒，子鞠立。鞠卒，子公刘立。

直到"公刘"继位：

公刘虽在戎狄之间，复修后稷之业，务耕种，行地宜，……民赖其庆。百姓怀之，多徙而保归焉。周道之兴自此始……

公刘之后，又是几代人的沉寂，直到古公亶父的出现：

古公亶父复修后稷、公刘之业，积德行义，国人皆戴之。

之后是公季：

古公卒，季历立，是为公季。公季修古公遗道，笃于行义，诸侯顺之。

所谓"修古公遗道"即"复修后稷、公刘之业"也。直到文王姬昌：

> 西伯曰文王，遵后稷、公刘之业，则古公、公季之法……

将这些表述放到一起对读，我们就可以非常清晰地梳理出一条周人文化传统建立的轨迹。而且，从后稷到文王，共十五代人，但是真正值得被历史记录下来的只有"后稷""公刘""古公亶父""公季""文王"。这里面的道理是什么呢？我们不妨问一问我们的孩子。

类似的情况还有很多，不过让我印象最深刻的是《史记·孔子世家》里"在陈绝粮"那一段文字中孔子和子路、子贡以及颜渊三人的对话。

> 孔子知弟子有愠心，乃召子路而问曰："《诗》云：'匪兕匪虎，率彼旷野。'吾道非邪？吾何为于此？"子路曰……
>
> 子路出，子贡入见。孔子曰："赐，《诗》云：'匪兕匪虎，率彼旷野。'吾道非邪？吾何为于此？"子贡曰……
>
> 子贡出，颜回入见。孔子曰："回，《诗》云：'匪兕匪虎，率彼旷野。'吾道非邪？吾何为于此？"颜回曰……

《孔子家语》里记载了孔子一行"在陈绝粮"的前因后果。

> 楚昭王聘孔子，孔子往拜礼焉，路出于陈蔡。陈蔡大夫相与谋曰："孔子圣贤，其所刺讥皆中诸侯之病。若用于楚，则陈、蔡危矣。"遂使徒兵拒孔子。
>
> 孔子不得行，绝粮七日，外无所通，藜羹不充，从者皆病。

我们可以看到，孔子以其贤圣而遭遇困顿，遂有"绝粮"之厄。此时，众弟子对这个问题的理解以及不同的言行，恰恰体现出了他们性情与德行的高低。我们来看一看这三位弟子的代表，对于孔夫子同一个问题的回答：

子路曰："意者吾道未仁邪？人之不我信也。意者吾未知邪？人之不我行也。"孔子曰："有是乎！由，譬使仁者而必信，安有伯夷叔齐？使知者而必行，安有王子比干？"

子贡曰："夫子之道至大也，故天下莫能容夫子。夫子概少贬焉？"孔子曰："赐，良农不能为穑，良工能巧而不能为顺。君子能修其道，纲而纪之，统而理之，而不能为容。今尔不修尔道而求为容。赐，尔志不远矣！"

颜回曰："夫子之道至大，故天下莫能容。虽然，夫子推而行之，不容何病，不容然后见君子！夫道之不修也，是吾丑也。不容何病，不容然后见君子！"孔子欣然而笑曰："有是哉颜氏之子！使尔多财，吾为尔宰。"

关于这三段对话的意思，我在这里就不浪费篇幅解读了。这里我更关注的是太史公的笔法。夫子对三个人提出了一模一样的问题，并没有任何偏袒和诱导性的提问，三个弟子"一视同仁"。但是，他们对同一个问题的回答则各有不同。子路直接质疑夫子之道，而子贡、颜渊则对夫子之道极为肯定，他们都给出了"夫子之道至大，故天下莫能容"的判断（又一个重复）。然后在同一个判断下，两个人又给出了不同的解决方案。这样三个人智识境界的高下立判。这个时候，擅长学习的读者就可以自问一下，如果当时夫子问的是我，我会给出什么样的回答呢？我的答案更接近谁的答案呢？这样，我们就可以对自己当前的生命境界有一个判断了。

  《史记》篇幅大，孩子们学习起来还是有一些困难的。鉴于时间的关系，我在带小朋友读《史记》的时候，一般会用三个学期的时间学习《史记》当中"本纪""世家""列传"三个大的部分。当然，也不是所有的篇目都有时间读到，还是会选择重要的篇目进行学习。但是对于那些已经选定的篇目，就不再做节选，而是整篇阅读了。以上是我研读《史记》的一些方法，希望可以对大家有一些助益。

四、如何学习中国历史

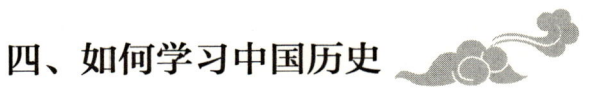

我家宝贝上初中之后,我给她制定了一个学习"战略"——初中三年,数理化等科目保持上等水平即可,语文、英语、历史这三门需要长期积累的科目要在初中三年达到上上等水平。也就是说,初中三年,我希望她在这三门功课上花费更多的时间和精力,打下坚实的基础,以便在高中阶段为其他科目预留出更为充足的学习时间。因为,这三门功课都是不好突击的课程,也是一旦基础打好就不太容易掉队的科目。前面很多章节都是关于"语文"学习的分享,所以在这一节里我来谈一谈教授与学习"历史"的一些经验。

1. 我们为什么学习历史

我认为历史的学习基本上分为两部分,第一部分是"史实"的学习,第二部分是"史观"的学习。"史实"的学习很好理解,就是历史上哪年哪月哪日到底发生了什么事情。这些"知识"我们以学校课本为标准就好。这一点也没有什么发挥的地方。但是,光有这些"历史知识"就够了吗?就能把历史学好吗?当然不是。当前,很多孩子都不喜欢学"文科",你问他们原因,大部分就是因为"文科"需要"背诵"的东西太多了,很烦。是的,这确实是文科的特征,需要记住大量的"知识点",所以很多人认为只有那些脑子不够聪明，学不好数理化的孩子才去学文科。是这样吗？当然不是。我初中的时候其实是数理化比较好的。我也特别讨厌背诵。但是到了高中分文理的时候，我却毅然选择了文科。当时初中的老师知道后都大为惊讶，问我为什么。我的答案是，因为我已经无可救药地爱上了宋词，所以我最终选择读文科，大学读了中文系。

我的故事说明什么呢？说明只有真正地激起孩子们学习一门功课的兴趣，才能让他们爱上学习这门科目。历史的知识点非常细碎，如果不能让孩子们真正地在"价值观"上理解"历史"的意义，只是知道了一些"陈年往事"，只是为了考试而背诵那些"知识点"的话，是不可能让孩子们喜欢上历史的。所以，这就需要让历史的学习进入我所讲的第二个阶段——"史观"的学习。

什么是"史观"的学习呢？说白了，就是明白我们到底为了什么而学习历史。对于这个问题，孔子曾以"温故而知新"作为答案。大历史学家吕思勉先生对这个问题有过更为细致的说明：

> 历史虽是记事之书，我们之所探求，则为理而非事。理是概括众事的，事则只是一事。天下事既没有两件真正相同的，执应付此事的方法，以应付彼事，自然要失败。根据于包含众事之理，以应付事实，就不至于此了。然而理是因事而见的，舍事而求理，无有是处。所以我们求学，不能不顾事实，又不该死记事实。
>
> 任何一事一物，要询问它的起源，我们现在不知所对的很多。其所能对答的，又十有八九靠不住。然则我们安能本于既往，以说明现在呢？这正是我们所以愚昧的原因，而史学之所求，亦即在此。史学之所求，不外乎：
>
> （一）搜求既往的事实；

（二）加以解释；

（三）用以说明现社会；

（四）因以推测未来，而指示我们以进行的途径。

所以，只追求"史实"的确知，那只是低层次的史学学习。我们知道了过去的某一天发生了什么事情，到底对我们有什么意义呢？所以，只有那些能够凝练出我们理解现实的智慧的"史实"，能和现实相联系的"历史"，才是真正具有中国传统史学价值的部分，也是真正可以提升我们对"历史"发生兴趣的关键所在。尤其是现在，中国文明面临着巨大的变革，我们该何去何从，哪一条道路才是最适合中国人的道路，都必须回答"我是谁"的问题。而对这个问题的回答，历史不可以缺席。对这个问题，施展老师有过非常清晰的表述：

> 对中国近代以来的转型问题的讨论，尤其容易遭遇的困境是身份迷失的问题，它不再能够清晰地说出自己是谁，这就带来一个很严重的后果，它难以有效地识别并锁定自己的目标，以至于在转型过程中出现各种歧出之事。对于一个国家来说，"我是谁"这个问题，并不是初看上去那样清晰，这实际上基于一种共同体意识的建构，它需要通过一种历史哲学的叙事才能够获得表达。

所以，如果想让孩子们真正地理解学习历史的意义，提升学习历史的热情，必须让他们能够在"历史知识"的基础上建构起良好的"历史智识"。

2. 抵御"虚无主义"史观

要想让孩子学好历史,还需要抵御一种现在社会上非常流行的"虚无主义"历史观。何谓"虚无主义"历史观呢?就是认为历史上的一切书写都没有客观性(因为历史都是由"具体的人"书写下来的),也不可能完全记录所有的历史细节,再加上"厚黑学"的加强,一切历史都是"胜利者"的书写,都是权谋的胜利,在这些史观的支配下,很多人认为其实并没有什么"历史"是真正真实且客观的。

这样一种对"历史"的理解,极大地伤害了"历史"的价值与孩子们对历史学习的热情,试问谁会愿意学习一堆"谎言"呢?对于这样的史观,我们必须极力将之纠正过来。虽然我们确实无法百分之百还原历史的真实,但是中国古代的史官有其强大的"秉笔直书"的传统。而且,比如我们要了解一个人,也不需要把他过去每分每秒发生的事情全部知道。所以对于明白我们的社会和传统,也无需事事求全,只要知道那些"使社会成为现社会的事"就够了。

学习历史,还需要避免一种"戏说"的态度,这其实也是一种变相的"历史虚无主义",认为历史是任人打扮的小姑娘。我曾经看到过一所很有名气的中学选用了一个很有名气的人写的中国历史读本,开篇就说"夏娃是女娲的妈妈"。用这样的读本毒害孩子真是罪无可恕!任何学习与研究,都必须有一种严谨的态度,所谓"无一字无来历,无一字无出处"。试问"夏娃是女娲的妈妈"是根据哪一本史书,根据哪一件出土文物得出的结论呢?这样的表述拿给孩子们看,孩子们会受到什么样的教育呢?解构一切价值,歪说一切传统,只能让孩子们的心灵越来越荒芜。

所以我们可以看到,要培养出孩子们良好的"历史智识"也不是那么容易的事情。我们必须为他们选择良好的历史读本,才能让他们树立起正确的对待历史、学习历史的态度。所以，我建议孩子们在学好了"历史知识"之后，研习一下钱穆先生的《国史大纲》。

3. 推荐钱穆先生的《国史大纲》

近代以来，写作国史的不乏其人。但是，目前大家所公认的最好的国史通史读本还是要首推钱穆先生的《国史大纲》。这本书写作于1937年"七七事变"之后。当时钱穆先生在西南联大教书，隐居在云南宜良的岩泉寺，在同事的力劝下，他决定根据多年的讲义撰写《国史大纲》。

抗日战争全面爆发后，经过几个月的作战，国民党军在北方相继丢失河北、察哈尔、绥远和山西、河南北部地区，退向黄河沿岸。此后，国民党政府做出了迁都重庆的决定。中国历史上凡南迁者，大多再无力收复北方国土。值此民族危亡之际，作为国学大家的钱穆先生力图在历史中找到国人面对现实、理解现实，以振奋改革的智慧。他在该书"引论"中说：

> 惟藉过去乃可认识现在，亦惟对现在有真实之认识，乃能对现在有真实之改进。故所贵于历史智识者，又不仅于鉴古而知今，乃将未来精神尽其一部分孕育与向导之责也。

钱穆，中国近现代历史学家、思想家、教育家、国学大师，与吕思勉、陈垣、陈寅恪并称为"史学四大家"

在中国通史类著作中，钱穆的《国史大纲》堪称翘楚，时至今日，许多大学的人文类院系仍将此书作为必读书目

而且，他希望可以借由历史，感动中国人之"爱国心"，以维系此文明于一脉：

> 且人类常情，必先"认识"乃生"感情"。……人之于国家民族亦然。惟人事上帝本乎信仰，爱国家民族则由乎知识，此其异耳。人之父母，不必为世界最崇高之人物；人之所爱，不必为世界最美之典型，而无害其为父母，为所爱者。惟知之深，故爱之切。若一民族对其已往历史无所了知，此必为无文化之民族。此民族中之分子，对其民族，必无甚深之爱，必不能为其民族真奋战而牺牲，此民族终将无争存于并世之力量。
>
> 凡今之断头决胸而不顾，以效死于前敌者，彼则尚于其国家民族已往历史，有其一段真诚之深爱；彼固以为我神州华裔之生存食息于天壤之间，实自有其不可侮者在也。故欲其国民对国家有深厚之爱情，必先使其国民对国家已往历史有深厚的认识。欲其国民对国家当前有真实之改进，必先使其国民对国家已往历史有真实了解。我人今日所需之历史智识，其要在此。

所以，钱穆先生认为真正好的历史读本应该具有如下两个特点：

> 一者必能将我国家民族已往文化演进之真相，明白示人，为一般有志认识中国已往政治、社会、文化、思想种种演变者所必要之知识；二者应能于旧史统贯中映照出现中国种种复杂难解之问题，为一般有志革新现实者所必备之参考。前者在积极的求出国家民族永久生命之源泉，为全部历史所由推动之精神所寄；后者在消极的指出国家民族最近病痛之症侯，为改进当前之方案所本。

这段话，可以算是"夫子自道"了，以之来解说《国史大纲》的特点再合适不过。因此，这本书的"问题意识"是非常强的。在很多地方，我们都可以感受到钱穆先生"思考当下，追问来由，寻求出路"的写作目的。

带着这样的"现实感"写出的国史读本，对读者的感召与触动是巨大的。因为百年以来，我们仍然身处于中国从一个古代文明形态向现代文明过渡的历史进程之中。当年困扰钱穆先生的那些问题，仍然没有能够得到彻底的根本的有效的解决。所以，当我们跟随着钱穆先生的讲述进入中国历史的时候，我们才能真正地感受到这些历史与我们息息相关，是内化于我们生活乃至生命的有机组成部分。这个时候，读者就会像探知自己一样，被中国的历史深深吸引，并逐渐建立起良好的历史智识。

4. 什么是"温情与敬意"

钱穆先生作为国学大师，其写作《国史大纲》也颇为有趣。他觉得现代国人学习国史，需要首先从"正心诚意"开始，即学习《国史大纲》需首先阅读写在扉页上的"凡读本书请先具下列诸信念"：

> 一、当信任何一国之国民，尤其是自称知识在水平线以上者，对其本国已往历史，应该略有所知。（否则最多只算一有知识的人，不能算一有知识的国民。）
>
> 二、所谓对本国已往历史略有所知者，尤必附随一种对其本国以往历史之温情与敬意。（否则只算知道了一些外国史，不得云对本国史有知识。）
>
> 三、所谓对本国已往历史有一种温情与敬意者，至少不会对其本国已往历史抱一种偏激的虚无主义，（即视本国已往历史为无一点有价值，

亦无一处足以使彼满意。）亦至少不会感到现在我们是站在已往历史最高之顶点，（此乃一种浅薄而狂妄的进化观。）而将我们当身种种罪恶与弱点，一切诿卸于古人。（此乃一种似是而非之文化自遣。）

四、当信每一国家必待其国民备具上列诸条件者比数渐多，其国家乃再有向前发展之希望。（否则其所改进，等于一个被征服国或次殖民地之改进，对其国家自身不发生关系。换言之，此种改进，无疑是变相的文化征服，乃其文化自身之萎缩与消灭，并非其文化自身之转变与发皇。）

每次讲到这里的时候，学生们常常会问我一个问题：老师，我知道"温情与敬意"这个词特别有名，但是到底什么是"温情与敬意"呢？而我每次都会用一首海子的诗《亚洲铜》为他们作答：

> 亚洲铜，亚洲铜
> 祖父死在这里，父亲死在这里，我也会死在这里
> 你是唯一的一块埋人的地方
> ……

所谓"亚洲铜"，应该是象征承载着中华文明与历史的黄土地。可是，为什么"你是唯一的一块埋人的地方"呢？中国有一句俗语：哪块黄土不埋人。可是为什么作者会认为"你是唯一的一块埋人的地方"呢？答案就在原诗之中。因为"祖父死在这里，父亲死在这里"。"祖父死在这里"，也埋在这里，魂灵也安息在这里。"父亲死在这里"，也埋在这里，魂灵也安息在这里。而我的身上流淌着父祖的血脉，所以如果有一天我也死去，我的魂灵只

会认同这块土地，因为我的父、我的祖都埋在这里，安息于此，所以只有埋在这里，我的魂灵才能得到安息。如果被埋在他处，我都只能算是"客死他乡"，"魂梦无依"。这就是"你是唯一的一块埋人的地方"的意义。这就是作者对这块"生于斯，长于斯"的土地的"温情与敬意"。也是我们学习在这块土地上化育繁衍的历史与文明应该秉持的态度。

研习《国史大纲》有一个门槛，就是需要读者对中国历史的基本史实有所了解。这是因为这部著述是一种"纲目"的写法。所谓"纲"，就是简要断语。这些"断语"由作者根据以往历史的材料，以及作者自身的史观、智识而下的论断。由于其所涉及的事实往往十分复杂，其中的推断又百转千回，所以限于篇幅，作者只是道其大略，并没有详细提及与论述。因此就需要读者有相应的知识上的准备。这是大家在学习《国史大纲》的时候，特别要留意的地方。

5. 研习中国历史的方法

现代国人学习历史，总是急吼吼地去了解那些"知识点"。所以拿到《国史大纲》，钱穆先生写的"引论"部分常常被人忽略过去。这其实是很令人惋惜的事情。

钱穆先生首先在"引论"中论述了中国历史很可以骄傲的几个点：一、悠久；二、无间断；三、详密。

> 中国为世界上历史最完备之国家，举其特点有三。一者"悠久"。从黄帝传说以来约得四千六百余年。从《古竹书纪年》载夏以来，约得三千七百余年。二者"无间断"。自周共和行政以下，明白有年可稽。自鲁隐公元年以下，明白有月日可详。三者"详密"。此指史书体裁言。

> 要别有三：一曰编年，二曰纪传，三曰纪事本末。其他不胜备举。可又中国史所包地域最广大，所含民族分子最复杂，因此益形成其繁富。若一民族文化之评价，与其历史之悠久博大成正比，则我华夏文化，于并世固当首屈一指。

每读至此，颇能引发我的自豪感，以及对中国史学传统深深的敬畏之情。

接着，钱穆先生讲述了学习历史，不但要了解"历史知识"，还要养成"历史智识"的意义。先生认为我们学习历史，要了解"历史材料"与"历史智识"的不同。历史材料，指向过去，由积累而愈多；历史智识则应该指向未来，要"与时以俱新"。所以，"历史智识……应与当身现代种种问题，有亲切之联络。历史智识，贵能鉴古而知今"。

后面，作者批评了几种当时治史的方法及其存在的问题：一曰传统派，主于记诵，熟谙典章制度，其缺点是缺乏系统，与当身现实无预。二曰革新派，为有志功业、急于革新之士所提倡。其治史能具系统，能努力使史学与当身现实相绾合。故革新派之治史，其言论意见，多能不胫而走，风靡全国。但此派之问题在于，急于求智识，而怠于问材料。其甚者，对于二三千年来积存之历史材料，亦以革新现实之态度对付之，几若谓此汗牛充栋者，曾无一顾盼之价值矣。三曰科学派，乃承"以科学方法整理国故"之潮流而起，但是此派震于"科学方法"之美名，往往割裂史实，为局部窄狭之追究。此三种历史研究的路数，现在仍然存在，其优点与缺点仍如钱穆先生所言。此后，钱穆先生具体地在"政治制度""学术思想""社会组织"等方面，驳斥了当时的一些颇有争议的论断。这些论断在今日仍然甚嚣尘上。所以，我们今天在学习历史之前，了解这些治史的问题，就可以避开这些"陷阱"，为寻找正确的学习历史的方法、建立正确的史观打下基础。

最后，钱穆先生在"引论"中特别总结了自己治史的两种基本方法：

> 凡治史有两端：一曰求其"异"，二曰求其"同"。何谓求其异？凡某一时代之状态，有与其先、后时代突然不同者，此即所由划分一时代之"特性"。从两"状态"之相异，即两个"特性"之衔接，而划分为两时代。从两时代之划分，而看出历史之"变"。**从"变"之倾向，而看出其整个文化之动态。从其动态之畅遂与夭淤，而衡论其文化之为进退。**此一法也。何谓求其同？从各不同之时代状态中，求出其各"基相"。此各基相相衔接、相连贯而成一整面，此为全史之动态。以各段之"变"，形成一全程之"动"。即以一整体之"动"，而显出各部分之"变"。于诸异中见一同，即于一同中出诸异。全史之不断变动，其中宛然有一进程。**自其推动向前而言，是谓其民族之"精神"，为其民族生命之源泉。自其到达前程而言，是谓其民族之"文化"，为其民族文化发展所积累之成绩。此谓求其同。**此又一法也。

求历史各段之"异"，以及变动之中的"同"，乃是钱穆先生所指引之研究历史的两个方法。这两个方法真如醍醐灌顶一般，为我们能够在纷繁的历史知识中"提纲挈领"地把握历史的脉络与格局指示了方向。

五、给孩子一些中国艺术的修养

许多家长在孩子学习的过程中,常常忽略孩子的艺术教育。他们通常认为把孩子培养成"郎朗"是万里挑一的小概率事件,所以认为孩子在艺术修养上投入时间精力是"误入歧途",甚至是"不务正业"的行为。把孩子培养成"郎朗"是小概率事件,这一点我是认同的。但是这并不意味着,给孩子一定的艺术修养是"浪费时间"的行为。恰恰相反,我认为孩子的艺术修养对他们的学习特别重要。这种错误的认知通常是由于一些家长"人生阅历"的"有限"造成的。他们通常在自身成长的过程中没有经历过正规的艺术素养的训练和学习,他们往往是通过所谓"学习的正途"改变了自己的命运。而人的认知很多来源于自我的人生经验,对于孩子学习与生活的理解与计划往往有"路径依赖",所以才会对艺术修养嗤之以鼻。国人在审美素养上亟待提高,这也是原因之一。

这虽然是一本讲述如何引领孩子学习国学的书,但是我一直主张孩子要全面发展,尤其是艺术素养的提升,对孩子的成长尤为重要。艺术的培养多以"真""善""美"为追求。"修辞立其诚",艺术的修养不仅仅可以提升人的生活品质,更可以塑造孩子们追求美好的心灵,发现美好的眼睛。而知识的学习本身也是对"真""善""美"的发现与求索。几何当中的结构之美,未尝不可以与建筑之美相通;数学之中的逻辑,未尝不可以与音乐之中的逻辑相通;中国古诗词当中的韵律,本来就是一种音乐的韵律;观察自然与生物学习所需的细腻,未尝不可以与美术中的斟酌共通。所以,艺术的修养与孩子们的学校功课一定是互相补益的。儒学不只强调"礼教"还强调"乐教"。孔子一生无故不撤琴瑟,教育弟子也是要"游于艺""成于乐",其实就是要扩展人生的趣味,成就一种"全人"的教育。

在孩子有一定的艺术素养之后,就需要有系统地对中国的艺术有一个了解。这个时候,我就会带着孩子们阅读一本有关中国艺术的非常重要的书——李泽厚先生的《美的历程》。

讲中国艺术的书千千万,我为什么会推荐这本由一个研究哲学的学者所写的艺术类著作呢?其实,这也是我一开始阅读这本书心里所想的问题——为什么一个研究思想史的大家要写一本关于"艺术"的书呢?在这本书的"结语"部分,我似乎找到了答案:

> 凝冻在上述种种古典作品中的中国民族的审美趣味、艺术风格,为什么仍然与今天人们的感受爱好相吻合呢?为什么会使我们有那么多的亲切感呢?是不是积淀在体现在这些作品中的情理结构,与今天中国人的心理结构有相呼应的同构关系和影响?人类的心理结构是否正是一种历史积淀的产物呢?

原来作者不过是试图通过"艺术"来探寻中国人的心理结构。他说:"心理结构是浓缩了的人类历史文明,艺术作品则是打开了的时代魂灵的心理学。而这,也就是所谓'人性'吧?"看来,作者还是在自己的研究逻辑中写作了这本关于中国艺术的书。而这也是我推荐此书的原因。众多的艺术类书籍多是由专业的艺术研究者写作而成的。这些书虽然在艺术素养和品鉴上可能更为专业，但是却感觉总是难以跳出"专业"的窠臼，难以在更为广阔的知识谱系中理解"艺术"的意义。而李泽厚先生则不同，他独特的学术素养决定了他对艺术的理解是在人类文明的大格局之下展开的。这就决定了他对一些艺术（品）的解读，常常给人一种融会贯通的感觉。比如，他对于"美"的定义：

> 美之所以不是一般的形式，而是所谓"有意味的形式"，正在于它是积淀了社会内容的自然形式。所以，美在形式而不即是形式。离开形式（自然形体）固然没有美，只有形式（自然形体）也不成其为美。

再如，他在解释山顶洞人在尸体旁撒上矿物质红粉这一行为时说：

> 当他们做出上述种种"装饰品"，这种原始的物态化的活动便正是人类社会意识形态和上层建筑的开始。……"红"色对于他们就已不只是生理感受的刺激作用（这是动物也可以有的），而是包含着或提供着某种观念含义（这是动物所不能有的）。……在对象一方，自然形式（红的色彩）里已经积淀了社会内容；在主体一方，官能感受（对红色的感觉愉快）中已经积淀了观念性的想象、理解。

在对青铜饕餮纹的解读中，李泽厚先生写：

> 当时社会必须通过这种血与火的凶残、野蛮、恐怖、威力来开辟自己的道路而向前跨进。……（因此）在那看来狞厉可畏的威吓神秘中，积淀

着一股深沉的历史力量。它的神秘恐怖正只是与这种无可阻挡的巨大历史力量相结合，才成为崇高的美。……（因此）用感伤态度便无法理解青铜时代的艺术。

中学历史课本上把商文明定义为"奴隶社会"，我们去参观河南安阳殷商王陵大墓的时候，会看到很多人牲的遗迹。但是，如果我们仅仅以现代人道主义的视角去看待那段历史，将之定义为"野蛮"，则会与真正的历史擦肩而过，无法体味那种"无可阻挡的巨大历史力量"。

《美的历程》这本书涉及了中国艺术的方方面面，从传统的书画艺术，到文学类别之诗文小说，从图像的演变到工艺的改进，都有所讨论。"美是什么？"这个问题可以关涉到哲学、历史、人文、传统、信仰、心理等诸多方面。而李泽厚先生带着他对"中国人心理结构"的探寻，以其深厚的学养，以"美"为线索，串联起中国古代的艺术世界，向我们揭示了一个丰富的民族文化是如何被塑造出来的，并探讨了此种文化对国人心理心性的塑造与滋养。所以，这不是一本单纯的讲艺术"知识"的书籍，对于我们这些对中国文化感兴趣的人来说，这是一本在国学之文史哲方面稍有积累之后，对中华文明的审美心理形成一个统惯的了解的读本。

六、高阶阅读法

在本辑开篇的时候我已经讲过,在国学学习的高阶阶段,阅读能力的提升是重中之重,孩子们要学会"带着思考阅读"。所以在这里我特别讲一下训练高阶阅读的方法。

1. 对读法

高阶阅读,强调"文本细读",有很多行之有效的方法。在前文中,我讲过的"对读法"就是"文本细读"的一种方法,如《山海经》里面的"图文对读",《论语》中讲过的不同注释版本的对读,《诗经》学习中讲过的"诗"与"史""哲"的对读,《古文观止》中讲过可以从不同诸侯国的视角对同一个事件进行对读(如假虞灭虢)等。这些"对读法"都是亲测有效的读书法,大家可以用起来。

为什么"对读法"这么重要呢?因为普通的读者在拿到一本书的时候,通常难以找到深入理解文本的切入点。一般都是顺着文本的讲述一直看下去,就像被"灌输"一样,看到结尾就自然结束,对于作者的主旨、写作重点、意图,都茫然无知。在这样的情况下,通过"对读""**找不同**",就成为能够"点醒"读者的行之有效的方法。

我举两个带着孩子读小说的例子。我曾经带着几个孩子一起读过两部科幻小说，一部是外国人写的《安德的游戏》，一部是刘慈欣写的《超新星纪元》。这两部科幻小说都是关于孩子的故事，所以特别能够引起孩子们阅读的兴趣。

关于《安德的游戏》，我给他们留的作业是：纸本小说阅读完成之后，找到电影版《安德的游戏》看一遍。然后对比小说和电影的叙事，回答：电影版叙事与小说版叙事最大的不同之处在哪里？

这其实是一个很好回答的问题，电影版《安德的游戏》讲述完安德带领着人类舰队战胜了虫族就结束了，直接剪掉了此后人类之间的斗争，也没有展开安德的哥哥与姐姐的情节。而小说版《安德的游戏》则更为丰富，在安德战胜虫族这条主线之外，展开了安德的哥哥与姐姐这条副线，并以这两人为线索揭示了人类与虫族战争之外的人类之间的华沙条约成员国与美国之间的对抗这条副线。

这个时候，我就会继续追问孩子们一个问题：既然电影版《安德的游戏》已经为我们讲述了一个完整的故事，那么小说版《安德的游戏》中其他副线的情节还有什么存在的意义呢？这就是一个比较难的问题了，真正涉及了小说的主旨。如果孩子们只是看了小说版《安德的游戏》，他们并不会思考这样的问题，甚至没有能力读出小说中两条线索的存在。

《超新星纪元》这部小说也很有趣，讲述了这样一个故事：在地球受到一颗超新星的辐射后，12～13岁以上的成年人全部死亡，地球变成一个只有孩子的星球。在讨论《超新星纪元》这部小说的时候，我会给孩子们提供三个版本的《超新星纪元》，一个是大刘未公开发表的《超新星纪元》的长篇版，这应该是他写的第一个版本，一个是《超新星纪元》的短篇版，一个是正式发表的《超新星纪元》的长篇版。同样的，在我带领孩子们讨论这部小说之前，他们需要根据这三个版本做对读的工作，找出三个版本的不同之处,并理解这些不同到底体现了作者怎样的写作意图。

除了篇幅的区别外,三个版本最大的不同在于从地球受到辐射到孩子接管地球的这段时间长度的设定。在最初的版本中(推测为未公开发表版),这段时间被设定为"几个小时";在短篇版本中,这段时间被设定为"十天左右";而在公开发表的长篇版本中,这段时间被设定为"十个月至一年"。很明显,如果这段时间是"几个小时",那么所有此后情节的发展都必然是基于"偶然性"的安排。但是,如果这段时间变成"十天",甚至是"十个月",人类就可以相对从容地应对这个问题,并相对有序地完成成人与孩子之间的交接。而在这样的设定中,作者也就可以展开他对一些问题的思考与讨论。所以孩子们通过对读"找到不同",就可以相对容易地把握住叙事当中那些作者有意安排却容易被忽略的情节。

2. 理解"上帝的视角"

经典阅读的第二个有效的方法是理解什么是"上帝的视角"。

所谓"上帝的视角",其实就是要读者理解到,小说当中所有情节的设定都是作者的有意安排。对于一部小说来说,作者就是类似于"上帝"一样的存在。什么意思呢?就好像在《圣经》的叙述当中,上帝创造了我们这个世界一样,文学作品中的人物设定、情节安排、结局走向等等,都是由作者一手创造出来的。当他下笔的时候,每一个字都体现了他的写作意图,所以对于一部小说来说,作者就是像"上帝"一样的存在。而且,越经典的作品,这种有意安排的情节就越能够体现作者的写作主旨。因此,如果我们想要深入地理解一部作品,就必须常常问一个"为什么"——作者为什么这样安排啊?作者为什么这样写啊?作者为什么让这个人呈现出这样的性格特征呢?哪怕是"这个人物为什么叫这个名字"这样的问题,我们都不应该放过。我们都读过《红楼梦》，作者为贾家的女孩子安排的名字，组织在一起就是"原（元春）应（迎春）叹（探春）息（惜春）"这个词。这种设定就揭示了作者对这些女孩子命运的一种理解和安排。再比如我们前面提到过的两部小说。我刚才提到的《超新星纪元》里面对于交接时间的修改，就可以看出作者作为"上帝"对这部小说的修改与完善，而这种修改与完善一定都是作者的"有意为之"，而作者的"意"究竟是什么，就需要我们深入地解读文本。

在《超新星纪元》最初的版本中，一个叫"华华"（男）和一个叫"小梦"（女）的孩子偶然间进入了国家信息中心，成为了被历史偶然选择的接管中国的领导人。但是这样一种偶然性的选择，并不能够给作者多少展露自己思想的机会。所以，在后来的短篇版本中，交接时间被延长到了"十天左右"。这个时候，各个国家都进入了对未来国家领导人的选拔当中。所以，一个有趣的问题就出现了——什么样的孩子能够承担起领导未来国家的责任，他们应该具备什么样的素养和能力呢？我们现在的教育常常提培养孩子的"领导力"这个问题。这部小说就把这个问题放到了一个极为尖锐的情景下提出来。并且，作者通过对情节的安排，提出了自己对这个问题的思考。我在这里就不剧透了，感兴趣的家长可以找来读一读。

在《超新星纪元》最终的长篇版本中，从大辐射之后，有长达十个月到一年的时间，人类进行了成人与孩子之间的有序交接。除了各国选拔孩子领导人之外，整个社会也完成了一次成人与孩子之间的交接，这里面就展现了作者对更多问题的更多思考。比如，书中有人想到，这也许是一次人类得以新生的机会。交接之后，世界将只剩下15亿人，这之前威胁人类生存的3P问题：Population（人口）、Polution（污染）、Poverty（贫穷），将在一夜之间迎刃而解。在小说中，为了给孩子们留下一个更干净更美好和谐的世界，各个有核大国甚至终于达成了一致的意见，纷纷处理了自己的核武器。

在长篇版本中,最让我印象深刻的是,让成人的世界从最初的绝望中恢复过来的原因是——科学家证明,孩子是可以继续活下来的。就是因为孩子可以活下来,所以成人世界慢慢地从绝望当中恢复了过来,并成就了一段人类历史上成人之间最团结最奋进的时刻。那么这里面作者试图揭示的道理是什么呢?我认为在这里,作者恰恰体现了他作为一个中国人的非常传统的思考。我们都读过"愚公移山"的故事。愚公之所以移山,并不是为了自己,而是为了子孙可以获得这种出行的便利。如果没有子孙后代,以愚公的智慧,他一定知道他在有生之年是不可能享受到这个工作的成果的,愚公也就不会去移山了。但是,正因为"子子孙孙无穷匮也"给了他力量,也给了他希望,才让他拥有了为子孙谋求更好生活的勇气和决心。落实到小说当中,我们可以看到,正是因为认识到孩子们可以继续活在地球上,成人的世界才能从最初的混乱与绝望当中恢复过来,并立刻开始了"大生产",以及成人与孩子之间在"知识"与"技能"上的有序交接。小说就是利用这样一种情节的设定来展现出人类社会一些基本的、被日常生活所遮蔽的原则(也许我们能够借此更好地理解儒学"不孝有三,无后为大"的意义)。所以,我其实特别希望家长们都可以来读一读这部小说。

"上帝的视角"这个阅读方法,讲出来大家都能理解,看起来也非常简单,但是真正能够落实到阅读上却是不容易的。因为我们大多数人都养成了懒惰的"被动填鸭式"的阅读习惯。但是,只有当我们在阅读时,多问几个"为什么",我们才能真正地理解作者作为"上帝"对文学作品之所以如此安排的意义。

3. 带着思考阅读

前面我讲过高阶阶段应该培养孩子"带着思考阅读"的习惯,那么,怎样才能做到"带着思考阅读"呢?这里有一个特别"好用"的读书技巧——寻找经典当中与自己意见相左或与自己预想不同的地方。

不会读书的孩子,阅读的时候,常常不会思考,不会提问题。书里怎么写的,好吧,那就这样吧,不会追问一个"为什么",就这么读过去了。这样的阅读很难深入。但是,如果我们在第一次接触一个文本的时候,敏锐地抓住我们第一次阅读时产生的那些"疑虑""困惑""不解""不认同"的点,多问一个"为什么",这些"点"应该就是我们可以深入理解文本而"有所得"的地方。

为什么呢?因为我们每个人阅读的时候,都是带着自己原初的认知、观念在阅读。我们与文本,尤其是与"经典"相遇的时候,让我们"疑虑""困惑""不解""不认同"的地方,就是我们自己的认知、观念与这些经典想要传达的认知、观念不一样的地方。如果我们在此时能敏锐地抓住这些"点",先放下自己的成见,想一想为什么作者的想法与我的不同,作者这些想法背后的逻辑是什么,他是如何论证这些结论的,我和作者谁的想法更有道理等问题,那么我们将能够深入这些经典的内核去把握这些作品的思想,并通过这种有效地阅读、深入地思考,提升自己的理解力、思考力与价值观,而这些恰恰是在孩子成长的高阶阶段需要养成的重要能力。

比如我们学习《论语》的过程中,有一些儒学的观念就很可能与我们的一些观念相冲突,如:

叶公语孔子曰:"吾党有直躬者,其父攘羊,而子证之。"孔子曰:"吾党之直者异于是。父为子隐,子为父隐,直在其中矣。"

——《论语·子路》

很多人读到这条章句的时候就会想，我们不是提倡"大公无私""大义灭亲"吗？为什么孔子会认为"父为子隐，子为父隐"是一种"直"呢？再如《论语》中关于"三年之丧"的讨论：

> 宰我问："三年之丧，期已久矣。君子三年不为礼，礼必坏；三年不为乐，乐必崩。旧谷既没，新谷既升，钻燧改火，期可已矣。"子曰："食夫稻，衣夫锦，于女安乎？"曰："安。""女安，则为之！夫君子之居丧，食旨不甘，闻乐不乐，居处不安，故不为也。今女安，则为之！"宰我出。子曰："予之不仁也！子生三年，然后免于父母之怀。夫三年之丧，天下之通丧也。予也有三年之爱于其父母乎？"
>
> ——《论语·阳货》

在我们现代人看起来，宰我的说法很有道理啊，何况我们现在只有七天的丧假，孔子的说法有什么道理吗？我们看，"带着思考阅读"，就会让我们碰触到自己的认知与文本不同的地方，如果我们可以对这些"点"深入研读，就能真正理解这些经典对这些问题的看法，以及这些看法背后的意义。如果我们可以以之修正自己的认知，这种阅读对我们才能有最大的助益。

如果读书总是自我价值观的简单重复，那读书是没有任何意义的。现在一些 APP 会根据阅读者的喜好推送与其观念相似的内容以吸引读者，这样的信息获取，只能让自己越来越偏狭，越来越自以为是。

4. 图表法

我在前面讲到如何学习《山海经》时，提到过"画地图"的方法。我为什么会想到这个方法呢？因为根据我自己的研究经验，依据文本内容"画图表"是一个简化文本、抓住核心信息的好方法。

我在读硕士的时候，毕业论文的选题是《封神演义》研究。为了准备这个选题，首先就需要对《封神演义》有一个细致的了解。但是，我的记忆力一直不好，而书中出场人物又太多，所以就想到了"列图表"的方法来总结整理小说情节，哪一回哪些人物出场，哪一回哪些人物死亡，等等。没想到，这个方法不但清晰化了小说的情节，还让我通过"图表"找出了一些隐藏在纷繁文字背后的细节，使得我的硕士论文得以有理有据地推翻很多之前的研究结论而受到答辩老师的赞赏。我当时主要制作了两个大表，一个是关于《封神演义》前半部，纣王派三十六路大军征伐西岐（周人）情况表（见表1），一个是有关《封神演义》后半部，武王东出岐山讨伐纣王的情况表（见表2）。大家可以看看我当时的表格，你们可以看出什么问题吗？

通过这两张表格的总结，我们可以发现，很多当年曾为纣王臣子的人物，或者曾经带领着商纣的军队讨伐西岐后来战败归降的将领，都先后死在了武王伐纣的过程中，也就是说死在了武王大封有功之臣之前：

一、方弼方相兄弟在第八回反出朝歌，在第四十五回被黄飞虎收归西岐。方弼死于第四十六回董天君的风吼阵；方相死于第四十八回姚天君的落魂阵。

二、杨任于第十八回被纣王挖目后，被道德真君救回紫阳洞，于第八十回来到西岐。杨任死于第九十一回袁洪之手。

三、武成王黄飞虎一家于第三十回反纣，于第三十四回终于过五关斩六将到达西岐。武成王黄飞虎死于第八十六回张奎之手，他的儿子黄

表1 三十六路征伐西岐情况表

回	纣方将领神仙	西岐人物	归降	西岐死伤	纣方死伤	附录
35	晁田、晁雷		晁田、晁雷			
36	张桂芳、风林	哪吒		姬叔乾：第一位		武王知弟死，只知伤悼
38 39	王魔、高友乾 李兴霸、杨森	金吒、木吒			王魔、高友乾、杨森、李兴霸、风林、张桂芳	子牙一死
39 40	鲁雄、费仲、尤浑				鲁雄、费仲、尤浑	祭封神台杀三人报两人，子牙欺主，武王装糊涂
40 41	魔家四将	杨戬、黄天化（不尊道德）		文王六位殿下、三名副将、马成龙	魔家四将	
41	闻太师、邓、辛、张、陶					
43 44	十天君摆十绝阵	雷震子、众仙来至				十绝阵详情见附录，子牙失魂魄
46 49	赵公明、陈九公、姚少司	曹宝助周 陆压助周		萧升：武夷山散人	陈九公、姚少司、赵公明	子牙又死
49 51	云霄五人黄河阵				云霄、琼霄、碧霄、菡芝仙、彩云仙子、张节、陶荣	众仙黄河阵遇难

续表

回	纣方将领神仙	西岐人物	归降	西岐死伤	纣方死伤	附录
52					闻仲、吉立、邓忠、余庆、辛环	申公豹说反土行孙
53 56	邓九公、邓婵玉、土行孙	土行孙归周	邓九公			
57 59	苏护、郑伦、吕岳及其门人	韦护助周			周信、李奇、朱天麟、杨文辉	吕岳逃走
59 61	殷洪、马元		苏护、郑伦	武荣	殷洪、庞弘、毕环、刘甫、苟章	准提道人收马元
62 63	张山、李锦、钱保、羽翼仙				钱保	燃灯道人收羽翼仙
63 65 66	殷郊、马善、罗宣、刘环	龙吉公主李靖助周			温良、罗宣、李锦、张山、殷郊	燃灯收马善；西岐火起武王大哭，武王救殷郊未成
66 67	洪锦、季康、柏显忠		洪锦降周	姬叔明	柏显忠	武王与臣下关于伐纣的争论
68 71	孔宣	准提道人助周		黄天化	陈庚、孙合、周信、高继能	武王要撤兵，准提道人收孔宣

表 2 武王伐纣情况表

回	地点	纣方	周方	归降	西岐死伤	纣方死伤	附录
67	西岐						武王与臣下关于伐纣的争论；金台拜将
68	燕山往守阳山		魏贲				西岐战将名单；黄滚留守；伯夷叔齐阻兵；武王不语
68 71	金鸡岭	孔宣	准提道人		黄天化	陈庚、周信、高继能	武王要撤兵，子牙三路分兵
71 73	佳梦关	胡升胡雷火灵圣母	广成子			胡升胡雷火灵圣母	子牙一死一伤
73 74	青龙关	丘引	黄飞虎、邓九公		邓九公、黄天祥、黄天禄	马方、高贵余、成孙宝、陈奇	黄天爵送尸回西岐；丘引逃；哼哈二将
74 76	汜水关	韩荣、余化、余元	惧留孙陆压			王虎、余化、余元、韩荣	
77	诛仙阵						
78 79	界牌关	徐盖、法戒		徐盖归周	魏贲、赵丙、孙子羽	彭遵王豹	西方收法戒
79 80	穿云关		杨任归西岐			马忠、龙安、吉方、义真	武王劝回
81	瘟癀阵	吕岳、陈庚				李平、陈庚、吕岳、徐芳	子牙百日之厄
81 82	潼关	余化龙及五子			太鸾、苏护、苏全忠	余化龙及五子	
83 84	万仙阵		众仙聚首		龙吉公主、洪锦	丘引、申公豹	

续表

回	地点	纣方	周方	归降	西岐死伤	纣方死伤	附录
84 85	临潼关	欧阳淳、邓昆、芮吉		邓昆、芮吉		卞金龙、欧阳淳	
86 87 88	渑池县	张奎		邓昆、芮吉归	姬叔明、姬昇、崇黑虎、黄飞虎、黄飞彪、土行孙、邓婵玉	王佐、郑椿、张奎、高兰英	武王见丧了二弟,只会哭泣,并不思报仇;姜尚对武王的欺骗
89	孟津	梅山七怪、邬文化			杨任、龙须虎郑伦	常昊、吴龙、邬文化	其子为奴、微子去之
93	游魂关	窦荣				窦荣	
94	朝歌						

天祥死于第七十四回丘引之手,他的弟弟黄飞彪也死于第八十六回张奎之手。另外,我们在最后封神榜的名单中还见到了黄天禄(西斗星官)和黄飞豹(天嗣星)的名字。

四、晁田晁雷于第三十五回伐西岐,兵败后归降。我们也是在封神榜的名单中找到晁田、晁雷的名字才确定了他们的死亡——晁田被封为岁破星,晁雷被封为中斗星官。

五、邓九公一家及部众于第五十三回奉敕伐西岐,于第五十六回兵败后归降。邓九公死于第七十三回,被陈奇擒获后斩首。其女邓婵玉死于第八十七回高兰英之手。其子邓秀(五鬼星)不知死于何处,但是也见于封神榜之上。随邓九公归降的太鸾也于第八十一回死于余达之手。

六、苏护一行于第五十七回奉敕伐西岐,于第六十一回归西岐。苏护死于第八十一回余兆之手。其子苏全忠大概死于第八十一回余达之手（书中交代不明），苏护最重要的大将郑伦于第九十二回死于金大升之手，大将赵丙、孙子羽也于第七十八回阵亡。

七、洪锦于第六十六回征伐西岐，第六十七回归降。洪锦在第八十三回死于万仙阵。

八、胡升于第七十三回守佳梦关不住投降西岐。胡升在第七十三回被姜子牙斩首。

九、徐盖于第七十九回守界牌关不住投降西岐。与晁田兄弟一样，我们也在封神榜中见到了徐盖的名字。

十、飞廉、恶来于第九十六回偷商纣国玺，于第九十九回献于周。飞廉、恶来被杀于第九十六回。

这个发现与当时学界普遍认为"《封神演义》反对暴政，歌颂仁政，同情推翻暴君的正义战争，颂扬历史进步"的观点颇为龃龉。因为，如果按照当时学界的观点，这些"叛纣归周"的将领属于"弃暗投明"的人，理应得到表扬与封赏。但是，《封神演义》的作者却用非常隐晦的笔法让他们都死在了武王大封天下之前。如果不是用"图表"把这些情节"总结"出来，单纯的文本阅读，从第三十五回到第九十多回，这些隐晦的笔法只能淹没在琐碎的情节之中，不可能被发现。正因为"图表"揭示了这些不同寻常的情节安排，使得我不得不重新对《封神演义》所涉及的政治伦理问题进行更为深刻的研究，从而推翻了以往学界的认知，写出了一篇漂亮的硕士论文，并于2018年在人民日报出版社出版。

《封神演义》的问题放到一边，在这里我只想让大家了解到"图表法"是如此有效的读书方法。"图表法"的运用可以非常灵活，比如我们可以给小说中的人物列出他的人生履历表。大家可以试试用这个方法去研读《鲁滨逊漂流记》，你一定会有特别意外的收获。

5. 要允许有不同的答案

当前语文教育最大的问题是应试教育必须有"标准答案"。我常常头痛于孩子语文考试中的阅读理解题，不知道那些标准答案是如何"制定"出来的。稍微有点常识的人都知道，世上的很多事哪里有什么"标准答案"呢？尤其是文史哲的学习，反而应该鼓励学生的开放式思维，培养他们可以从不同的视角思考问题的能力。

记得刚刚带几个学生读《论语》的时候，读到《为政》篇里连续几条"问孝"的章句时：

> 2.5 孟懿子问孝。子曰："无违。"樊迟御，子告之曰："孟孙问孝于我，我对曰无违。"樊迟曰："何谓也？"子曰："生，事之以礼，死，葬之以礼，祭之以礼。"
>
> 2.6 孟武伯问孝。子曰："父母唯其疾之忧。"
>
> 2.7 子游问孝。子曰："今之孝者，是谓能养，至于犬马，皆能有养，不敬，何以别乎？"
>
> 2.8 子夏问孝。子曰："色难。有事，弟子服其劳，有酒食，先生馔，曾是以为孝乎？"

这本书是根据我的硕士毕业论文改写而成的，对《封神演义》由"武王伐纣"的历史史实（故事）演变为神魔小说的原因进行了思想上和文学上的探讨，揭示了儒家思想在面对"武王伐纣"历史事件当中的思想张力

一个还在读小学的孩子突然问我："老师，怎么孔子的答案不一样啊？"同样的章句，我给大学生教过很多轮了，可是没有一个学生问过我这样的问题。要不他们就是"认命"式的读书——好吧，书里说什么是什么，要不就是心里早就有了一个"因材施教"的标准答案。而那个孩子显然还"天机未泯"，他阅读的活力与思考的活力还没有被压制，所以才能问出这样"天真烂漫"的问题。

国学的学习，常常会遇到义理上的不同理解。除了那些胡搅蛮缠、毫无根据的解读，我们在学习国学的时候，还需以严谨的态度对待那些不同的异解。还是拿我比较熟悉的《封神演义》举例吧，《封神演义》讲述的是"武王伐纣"的故事。但是在儒学的思想史上，在中国的古代文化传统中，对"武王伐纣"并不是一边倒的赞美。

自从周武伐纣的大军踏上征途的那一刻起，就有另一个声音出现在了他的对立面。伯夷、叔齐应该算是这种伦理冲突的始作俑者："以臣弑君，可谓仁乎？""以暴易暴兮，不知其非矣。"（《史记·伯夷列传》）他们认为武王伐纣纯属以下犯上，以臣弑君，祸乱天下。而他们在后世赢得的巨大名声——"举世浑浊，清士乃见"（《史记·伯夷列传》），已足以使周武王的圣人地位难以安安稳稳地维持下去。钟伯敬在对《首阳山夷齐阻兵》这一回发表评论时指出：

> 伯夷叔齐为万古君臣之义，故叩马直谏，至今诵之犹有余馨。子牙纵左右辩难，未尝不凿凿可听，终是压此两句不倒。（第六十八回末）

借着伯夷、叔齐的故事，武王伐纣正义与否就成了人们争论不休的问题。儒家思想的开山鼻祖孔子就对武王伐纣的历史事件有所保留。《论语·八佾》载：

> 子谓《韶》尽美矣，又尽善也。谓《武》尽美矣，未尽善也。

孔子认为，表现武王伐纣史实的《大武》之乐未有尽善尽美之德。接下来，雄辩的孟轲虽然可以言之凿凿地说：

> 闻诛一夫纣矣，未闻弑君也。——《孟子·梁惠王下》

却不足以消解掉这个伦理问题。一到天下一统，盛汉方兴，这立即又成为一个人们争论的焦点。

《史记·儒林列传》记载了汉孝景帝面前的那场著名的争论：

> 清河王太傅辕固生者，齐人也。以治《诗》，孝景时为博士。与黄生争论景帝前。黄生曰："汤武非受命，乃弑也。"辕固生曰："不然，夫桀纣虐乱，天下之心皆归汤武，汤武与天下之心而诛桀纣，桀纣之民不为之使而归汤武，汤武不得已而立，非受命为何？"黄生曰："冠虽敝，必加于首；履虽新，必关于足。何者，上下之分也。今桀纣虽失道，然君上也；汤武虽圣，臣下也。夫主有失行，臣下不能正言匡过以尊天子，反因过而诛之，代立践南面，非弑而何也？"辕固生曰："必若所云，是高帝代秦即天子之位，非邪？"于是景帝曰："食肉不食马肝，不为不知味；言学者无言汤武受命，不为愚。"遂罢。是后学者莫敢明受命放杀者。

然而，汉代的大儒董仲舒在《春秋繁露》里写《尧舜不擅移 汤武不专杀》却又极力为武王伐纣开脱罪责：

  且天之生民，非为王也，而天立王以为民也。故其德足以安乐民者，天予之；其恶足以贼害民者，天夺之。

所以，有汉一代不仅没有解决这个问题，反而使它变得更加敏感，更加难以达成共识。因而，"革命"问题几乎成为当时文人中最热门的一个话题。

  到了宋明时期，中央集权已经发展到了顶峰，君权的神圣性与不可动摇性已经大大加强，忠君之德也被推向了极端。这表现在这一时期的某些文人对孟子的非议上。司马光便"不喜《孟子》"。苏轼在《论武王》中开宗明义地说：

  武王，非圣人也。

又说：

  而孟轲始乱之，曰："吾闻武王诛独夫纣，未闻弑君也。"自是学者，以汤、武为圣人之正，若当然者，皆孔氏之罪人也。使当时有良史如董狐者，南巢之事，必以叛书，牧野之事，必以弑书。

不过，王安石就对上述论调大不以为然，他在《伯夷论》中说：

> 夫商衰而纣以不仁残天下，天下孰不病纣，而尤者伯夷也。……使伯夷之不死以及武王之时，其烈岂独太公哉！

到了明代，明太祖朱元璋于洪武二十七年（公元 1394 年）把孟子赶出文庙，并删掉《孟子》三分之一内容，出《孟子节文》行世，不啻于又偷偷摸摸地把这个问题提出来，并给它钦定了一个答案。不过，到了永乐九年（公元 1411 年），《孟子》恢复原貌，重新获得经典的合法地位。《孟子节文》发挥效用的实际时间只有 19 年。永乐时重修《明太祖实录》，亦对此事讳而不提。

梳理了历代关于"武王伐纣"的争论后，我们还能毫无质疑地相信"《封神演义》反对暴政，歌颂仁政，同情推翻暴君的正义战争，颂扬历史进步"这种结论吗？文学作品不能逃离它所在的意义世界；小说的价值常常会与创作时的价值理念形成某种对话。《封神演义》虽然借"武王伐纣"的历史典故演绎开去，在相当自由的空间中谈鬼论神，但它也难以逃脱一开始就与这段历史相伴随的伦理困境：汤武征伐是犯上作乱还是替天行道？作者大约总想淡化这种困境带来的冲突，把笔墨集中到神仙法术上去。但是，就在他为书中人物罩上一个命定的封神榜时，他所在的文化也给他的作品设定了一个无可逃逸的归宿。结果，在这部书中，我们还是随处可见伦理冲突的痕迹，作者的自由想象终究无法逃出这种冲突划定的伦理边界。

对"武王伐纣"这么重要的历史史实，儒学的思想系统中也是有如此不同的解读。所以，我们在进行阅读与思考的时候，不要被一些成见所囿。尤其是在小说阅读的时候，"一千个读者有一千个哈姆雷特"，家长和老师不妨多多尊重一下孩子们的奇思妙想，只要他们可以"言之成理"，就应该受到鼓励。对思考的宽容，应该成为我们这个社会的常识。

我其实一直特别希望在学校里语文老师可以多多组织孩子们进行小说的讨论，或者家长和孩子共读一本小说，共观一部电影后，可以组织家庭讨论。现在的语文老师很多都已经意识到了阅读的重要性，但是他们往往只是给孩子列一个书单，让孩子们自己回家去看，而很少教授孩子应该如何阅读，如何理解一部小说。即使有的老师会在课上有所讲解，但是大多数情况下也是一些标准答案的灌输，这其实是非常可惜的事情。孩子们自己阅读，大多就是读一个热闹，如果有老师和家长可以和孩子们有更多的讨论，他们对小说的理解，以及他们的阅读能力就会大大地上一个台阶。如果家长（老师）水平高，他们就会不断地想"怎么我没有留意到这个细节""怎么我没有这么想这个问题"，这样就会不断地升级他们的阅读能力。

记得有一次我给学生们组织了两部科幻小说的讨论课后，一个孩子的家长突然特别开心地打电话给我说："师妹（孩子家长是我的一个师姐），和你报告一下，上完课后孩子又读了一遍《安德的游戏》。今天突然和我说：'妈妈，我怎么觉得自己越来越读不懂了呢！'"只有真正读过书的人才会知道，这样的效果才是真正"读进去"了。所以，孩子们是有阅读能力和思考能力的，我们需要善加引导。

给大家留几个思考题去试验一下吧：《封神演义》讲述的是"武王伐纣"的历史故事，为什么这个故事没有像《三国演义》一样成为一部"历史演义小说"，而是"基因突变"成为了一部"神魔小说"呢？《封神演义》里面的"神魔"部分与小说所描写的"人间"部分构成一种什么关系呢？"神魔"的部分对解决"武王伐纣"所面临的"伦理困境"有什么意义吗？

6. 读万卷书，行万里路

2018年，我的孩子长大了一些，不再是到哪里都挖沙子的小朋友了。于是我带着她走了走山东地区几处有趣的地方。回来后做总结，这次旅程让我第一次特别真切而深刻地体会到了古人"读万卷书，行万里路"的真意。

在去淄博齐景公殉马坑的路上，我突然看到一块牌子，上面写着"晏婴墓"一闪而过。于是倒车回去，转到一条乡间小路上，下到一片玉米田里，看到了田里的一处墓葬，竟然就是大名鼎鼎的晏子之墓。

四野无人，一片寂静。旁边的碑刻描绘了晏子一生的主要事迹。我们围着晏子墓走了两圈，聊表敬意。两天后，我们又参观了管仲纪念馆。

一路上和孩子一起复习了《论语》中关于"管仲"的条目，讲了什么是"一匡天下"。回去后，正好在给包括我宝宝在内的几个小朋友讲《史记》，本来没计划讲《管晏列传》，但是因为这次出游，就把《管晏列传》也加入了课程计划：

晏婴墓

后面的牌匾上写着"一匡天下"

> 管仲夷吾者，颍上人也。少时常与鲍叔牙游，鲍叔知其贤。管仲贫困，常欺鲍叔，鲍叔终善遇之，不以为言。已而鲍叔事齐公子小白，管仲事公子纠。及小白立为桓公，公子纠死，管仲囚焉。鲍叔遂进管仲。管仲既用，任政于齐，齐桓公以霸，九合诸侯，一匡天下，管仲之谋也。

行程中，我们还拜谒了曾点与曾子之墓。

我和孩子还在曾子墓前比赛背诵《论语》中有关曾子的章句。

曾子曰:"吾日三省乎吾身。为人谋而不忠乎?与朋友交而不信乎?传不习乎?"

——《论语·学而》

曾子曰:"慎终追远,民德归厚矣。"

——《论语·学而》

子曰:"参乎,吾道一以贯之。"曾子曰:"唯。"子出,门人问曰:"何谓也?"曾子曰:"夫子之道,忠恕而已矣。"

——《论语·里仁》

曾子有疾,召门弟子曰:"启予足,启予手。诗云:'战战兢兢,如临深渊,如履薄冰。'而今而后,吾知免夫小子。"

——《论语·泰伯》

曾子曰:"士不可以不弘毅,任重而道远。仁以为己任,不亦重乎?死而后已,不亦远乎?"

——《论语·泰伯》

……

此外,我们一路上还找到了《论语》中出现过的武城、颛臾等古城的遗址。顺便复习了《论语》中的相关章句:

管仲墓

曾点墓

子游为武城宰。子曰："汝得人焉尔乎？"曰："有澹台灭明者，行不由径，非公事，未尝至于偃之室也。"

——《论语·雍也》

子之武城，闻弦歌之声，夫子莞尔而笑曰："割鸡焉用宰牛刀。"子游对曰："昔者偃也闻诸夫子曰：'君子学道则爱人，小人学道则易使也。'"子曰："二三子，偃之言是也。前言戏之耳。"

——《论语·阳货》

季氏将伐颛臾，冉有季路见于孔子曰："季氏将有事于颛臾。"孔子曰："求，无乃尔是过与？夫颛臾，昔者先王以为东蒙主，且在邦域之中矣，是社稷之臣也，何以伐为？"……

——《论语·季氏》

这次山东之行，特别加强了我和孩子对先秦时期齐国一些历史掌故，以及孔子与《论语》一些相关知识的了解。原来那些似乎只留存在文字中的人和故事，突然间好像活生生地进入了我们的生活，他们似乎不再只是书本中死的知识，而是变成了与我们的生命血肉相关的东西了。

后来有一次和一位做两岸交流工作的朋友聊天。他说，他们每年都会组织台湾的学生来大陆交流。每

次他们都会请一些大陆的专家给这些孩子讲国学课程。当时我就建议他，以后可以增加更多实地参观考察的活动。讲国学，我们和台湾的专家比起来，并没有多少优势。但是，几乎所有国学涉及的地理山川都在大陆，这才是我们的优势。地域疏隔，但是文明同源，而这个"源"就在这块中华大地之上。

最近几年，"游学"的形式颇受家长们欢迎，在旅游的同时增加孩子的学识与见闻，是一个很好的学习方式。不过，很多的"游学"都是家长打包购买的产品。其实，我特别建议家长可以和孩子一起规划自己感兴趣的"游学"路线，自己定主题，自己做攻略。因为这是一个可以激发孩子主动阅读、学习、查找资料、合理规划时间、安排路线等各方面综合能力的活动。如果最后按照孩子参与规划的路线走完一遍，不但会大大增加孩子在旅游中的兴奋度，还会让孩子的体验加深一个层级。

当然，如果家长和孩子自行安排"游学"的线路，可以参考一些资料，比如李零老师的《我们的中国》。上文提到的我和孩子的山东之行，就是根据李老师在书中提供的线索安排出来的。另外，唐晓峰老师的《给孩子的历史地理》也可以一读。

"读书"与"行路"都是扩展孩子们视野的有效方法。一个人的智慧很多来源于他的生命经验。"读书"固然可以弥补一个人人生阅历的不足，但是亲自去经历去体会这个世界，尤其是在学习国学的过程中，去看一看书中提到的那些山川地理，感受那些风土人物，欣赏那些历史遗存，一定会让孩子们生出亲切之感，让他们能够真正地体会到书写在这块大地上的文化的脉动。

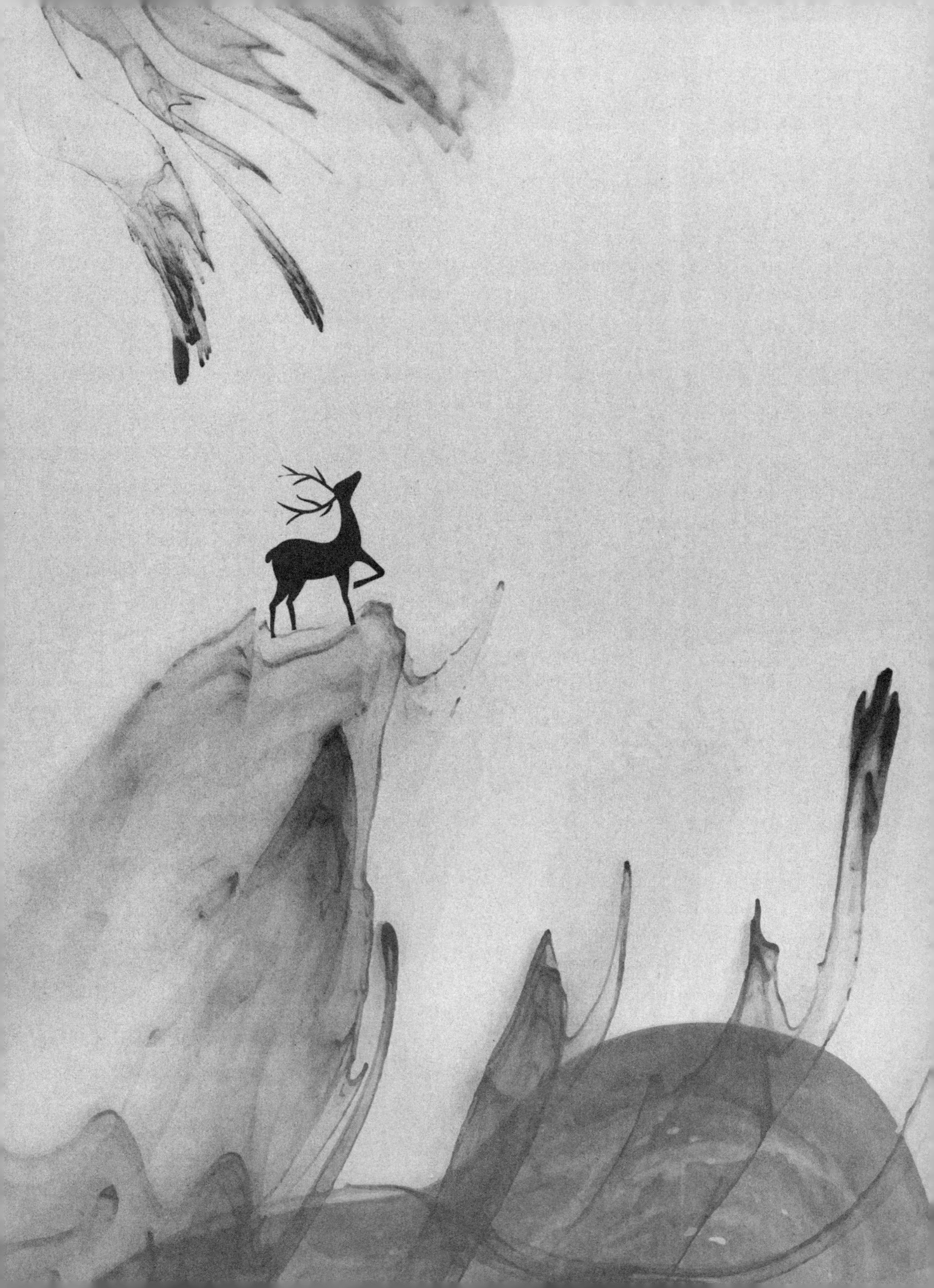

第四辑
争鸣与讨论

"五四"以来，儒学在现代世界受到了极大的冲击。面对着西方文明的传入，坚船利炮的威压，多数国人以"强弱"为"是非"（钱穆语），中国文明与文化因而失其故步，走入低谷。

　　其实，中国文明并不是第一次接受外来文明的挑战。钱穆先生在《国史大纲》里讨论佛教思想对中国文化的冲击时，就带有借鉴的意味。钱穆先生将佛学传入中国并影响中国文明发展的过程划分为三个历史时期：一个是魏晋南北朝时期，此为佛学思想的传入期，"南朝四百八十寺，多少楼台烟雨中"；二是隋唐时期，这是佛学思想的本土化时期，产生了禅宗、天台宗等本土化的佛学思想；三是宋明时期，这一时期主要是外来思想开始推动本土文明进行更化的时期，儒学因此发展出了宋明理学的阶段。这三个时期，前前后后将近七八百年的时间。那么，我们现在处于现代转型的哪个时期呢？甘阳老师在《从"民族—国家"走向"文明—国家"》这篇文章里说道：

> 　　中国在上世纪的中心问题是要建立一个现代"民族—国家"（nation-state），但中国在21世纪的中心问题则是要超越"民族—国家"的逻辑，而自觉地走向重建中国作为一个"文明—国家"（civilization-state）的格局。

在现代中国，以教授儒学为职业，于我来说并不只是一个糊口的饭碗。我从来不认为我只是在知识上学习儒学、教授儒学，我更希望儒学可以成为我们反思现代性的思想资源，使我们可以获得更多幸福生活的可能。我一直觉得我们这一代学人有两个主要任务，一个基础任务，一个高阶任务。基础任务是必须把断了的文脉接续回去，这也是我为什么作为一个大学老师要带小朋友学习国学的主要原因。我们这一代学人，除了少数有家学渊源的，大多是上了大学18岁才开始接触这些思想传统，但是缺少了"童子功"，多少有点"先天不足"。所以我希望可以有一批小朋友是可以从小接触到国学的教育，可以让国学成为他们从小就能感知的"自然"。另外一个高阶任务是，我们必须让儒学能够回应现实问题，它必须能够回应现代世界中大多数人的伤痛与挣扎，并提供一套能够安顿心灵的方法与力量。后者其实对现代的儒学研究提出了巨大的挑战。

  我们这一代学人因为身处于历史转型之中，难免"不识庐山真面目，只缘身在此山中"，无法客观地评判儒学与现代世界之间的张力。但是同时，也正因为"身在此山中"，我们作为一个转型期的现代人活生生地生活在当下，我们身上"传统"与"现代"的撕裂与争夺，我们个体的选择和感受，也许可以为我们的思考与研究提供"第一手"的材料。儒学与现代世界的关系，是一个远没有展开，更遑论完成的课题。在这个过程中，我们可能会走弯路，我们可能会做出错误的选择，但是我们每一步亲身的尝试，必将为未来儒学在当代世界的复兴尽一份绵薄的力量。

一、《弟子规》到底能不能教给孩子

关于《弟子规》的争论已经由来已久了。一些国学教育机构，以传统蒙学《弟子规》《三字经》《百家姓》《千字文》来教育小朋友，却受到一些人的激烈批判，他们站在西方自由民主的立场上，秉承"五四"以来一以贯之的"打倒孔家店"的逻辑，吓得别人噤若寒蝉。今天，我来谈一下自己对这个问题的一些粗浅的看法，希望能让国学教育多一些声音——《弟子规》到底能不能教给我们的孩子呢？

1. 我们应该怎么"读书"

批评《弟子规》的人给出的一个重要理由是：《弟子规》里充满了"封建"残余的糟粕，比如"亲爱我，孝何难；亲憎我，孝方贤。亲有过，谏使更，怡吾色，柔吾声。谏不入，悦复谏，号泣随，挞无怨。亲有疾，药先尝"等。那么，《弟子规》里面是否有"一些"不那么正确的观点呢？我的答案是——有！

但是，还是先让我来讲一个流传甚广的关于读书的故事——熊十力痛骂徐复观。话说1943年，对陆军少将徐复观来说，是他的生命历程发生转折和最有意义的一年。因为在这一年，他成为了新儒学大师熊十力的弟子。

事情的缘起是这样的：这一年徐复观读到了熊十力独创的新儒家哲学体系"新唯识论"，敬佩之情油然而生，遂萌发了从师之意。徐复观试着写了一封信，表达了仰慕之意。不几天，熊十力便给他回了信。在信里，熊先生在讲了一番为人治学的道理外，说到后生对前辈要有礼貌，批评徐复观来信字迹潦草，诚意不足。徐复观立即去信道歉。经过几次通信后，熊十力约徐复观来书院面谈。徐复观第一次去见熊十力，便请教先生该读点什么书，熊十力向他推荐了王夫之的《读通鉴论》。徐复观有些不以为然地说这本书早已读过了。熊十力面露不悦之色，说你并没有读懂，应该再读。过了一段时间，徐复观再见熊十力，报告《读通鉴论》已经读完。熊十力让他谈谈心得，徐复观就谈了许多对王夫之的批评，熊十力还未听完就开始破口大骂，说："你这个东西，怎么会读得进书！任何书的内容，都是有好的地方，也有坏的地方。你为什么不先看出他的好的地方，却专门去挑坏的；这样读书，就是读了百部千部，你会受到书的什么益处？读书是要先看出他的好处，再批评他的坏处，这才像吃东西一样，经过消化而摄取了营养。譬如《读通鉴论》，某一段该是多么有意义，又如某一段理解是如何深刻，你记得吗？你懂得吗？你这样读书，真太没有出息！"这一番痛快淋漓的责骂，骂得自我感觉良好的陆军少将呆立当场，狼狈不堪，半天回不过味来，但也使他从此大彻大悟，走上了学问之路，成为"现代新儒家"的代表人物之一。

多年后，徐复观先生回忆起这一番痛骂，还满怀深情地写道："这对于我是起死回生的一骂。恐怕对于一切聪明自负、但并没有走进学问之门的青年人、中年人、老年人，都是起死回生的一骂！近年来，我每遇见觉得没有什么书值得去读的人，便知道一定是以小聪明耽误一生的人。"

我讲这个故事，是想让大家理解读书的一个最基本的道理——我们应该以什么样的态度读书，应该如何吸收我们所身处的这个世界的营养，所谓"三人行,必有我师焉",我们真的理解这句话的意思了吗?《弟子规》中的确有一些不是特别合适的说法,但是只要认真看过全书,并和自我的人生经验相印证,我们就可以得出这样的结论,这本书更多的意义是积极的。比如,"父母呼,应勿缓"一句不就可以给现在那些漠视父母的孩子们立一个行为的准则吗?再举一例,我曾亲耳听到一个家长和我说,有一次她在外应酬后回家,孩子很真诚地对妈妈说:"年方少,勿饮酒,饮酒醉,最为丑。"这不是孩子和家长共同成长的极好的例子吗?

2. 我们是否能提供给孩子一个"无菌"的世界

也许,有的家长会接着问,那我们是否要把那些"糟粕"先剔除掉,然后把剩下的部分教给孩子?且先不说,我们对何谓"糟粕"的判断是否正确,我只是想问大家一个问题——"我们是否能提供给孩子一个'无菌'的世界",把孩子一直保护在里面,让他们在那里成长呢?这样一个"无菌"的世界对孩子的成长真的好吗?稍微有点常识的人都知道,我们无法给孩子提供一个"无菌"的世界,而且,稍微有点医学常识的人也都会知道,其实一个"无菌"的世界并不利于孩子的真正成长!

作为家长,我们是无法抵挡住这个世界以各种各样的方式、信息、资讯包围着我们的孩子。我们也无法跟随其一生,事事替他先做一个判断。这个世界,需要我们的孩子自己去面对!而"取其精华,去其糟粕"的能力需要从小培养。

我在讲"三人行,必有我师"这条章句的时候,常常和我的学生们分享自己的经历。我上初中的时候,几乎全班的女生都在看琼瑶小说。琼瑶小说对其他女生的影响,我无法忖度。但是,琼瑶小说给我的影响是——让我这个没有任何家学渊源的人爱上了小说中出现的大量的诗词,从而最后考取了北大中文系。我曾经听过香港周保松先生的演讲，他有过和我类似的读琼瑶小说的经历，结果也是类似的。他说："琼瑶和金庸，也让我爱上中国旧诗词，因为他们的作品经常提及李煜、李清照、柳永、苏轼、辛弃疾等，于是我顺着这些线索，逐个找他们的作品来读，甚至背了不少。"即使是现在，除了商业的成功，琼瑶小说也没有获得多少文学的地位，但是这并不影响我们可以从中把那些最精华的部分找出来，为自己的成长提供助力。

3. 我们是否能让孩子超越于"秩序"之外

我提倡孩子可以读一读《弟子规》，还有另外一个重要的原因，那就是《弟子规》是给孩子讲"规矩"的。而这恰恰是《弟子规》受到诟病的一大原因。"五四"以后，我们几乎谈"规矩"变色，似乎那是"三座大山"的代名词，在伺机压垮我们的生命。

那么，我们就需要去追问："规矩"到底是什么？我们可以简单地把"规矩"理解为儒家所倡导的"礼"。而"礼"是什么呢？我认为，"礼"的本质是"秩序"。我觉得，正是因为看到了"秩序"对人类生活的意义，孔子才会在春秋封建宗法已经崩坏，礼乐制度失去了其原有的政治制度支撑的时候，仍然"郁郁乎文哉吾从周"，力图恢复礼乐文明的根本原因。

"秩序"真的那么可怕吗？或者说，我们真的可以或者愿意让孩子生活在没有"秩序"，没有"规矩"的"自然状态"之中吗？从一出生，一个家庭的秩序就诞生了。如果没有亲子之间的秩序，我们如何教育我们的孩子呢？我们的教育权威如何产生呢？还是说，我们从孩子一出生就要让他们按照自己的意愿去理解、探索这个世界呢？人性可以经得起这样放任的"自由"吗？所以说，如果我们认识到孩子一定要接受某种教育，那么，只要一谈到"教育"，就一定要有一个"权威"诞生，而"权威"的来源总与一个确定的"秩序"相关。孩子长大了，在学校里，没有秩序吗？如果没有"秩序"，老师上课怎么能"有序"进行呢？再长大，在工作中，没有秩序吗？还是说我们能先给自己定个小目标，挣一个亿，让我们的孩子成为所谓的"富二代"，一入职场就从总经理、董事长开始做起？即使如此，不是还要遵守这个国家的法律，遵守经济规律吗？请告诉我，我们是否可以让孩子去与鸟兽为伍，躲避这个充满秩序的世界呢？

也许有的家长会很苦恼地问，那就让孩子接受这些"压迫"吗？"礼"难道仅仅是"压迫"吗？"礼"（"规矩"）的本质，或说意义，到底是什么呢？《论语·八佾》中有一条非常著名的章句：

人而不仁，如礼何？人而不仁，如乐何？

这是对孔子"以仁入礼"最为重要的揭示！也就是说，孔子已经看到，"秩序"的根本意义应该是"仁"，"礼之用，和为贵"，而"仁者爱人"，所以说在儒学思想中，"秩序"的根本意义是成为实现"仁"、实现"爱"的基础。

我常常在课堂上和我的学生们讲这样一个道理：师生之礼，保证了课堂的有序进行。这个"礼"是为了让我有权威去压迫你们，肆意地给你们零分、不及格，以显示我作为老师的权威吗？还是说，这个"礼"是对我作为老师能够"传道授业解惑"，以实现我的人生价值，以及你们跟随老师的教导获得进步的根本保障呢？明白了这个道理，大家就应该对"礼"的本质有所了解了吧！

但是，也许有的人还会说，那你也不能否认有借着"礼"（"秩序"）压迫人的情况！当然，这样的情况也是不少，这我是不会否认的。但是，我们就能"因噎废食"而放弃"秩序"吗？另外，我常常有一个比喻，不知道恰当不恰当，爱因斯坦发明了相对论，然后有人根据相对论造出了原子弹，再然后有人用原子弹炸了广岛和长崎，我们是否要让爱因斯坦承担这个罪责呢？

理解"秩序"之后的"爱"，理解"礼"之后的"仁"，是今后的国学教育应该致力的方向。《弟子规》里有一段讲"泛爱众"：

凡是人　皆须爱　天同覆　地同载
行高者　名自高　人所重　非貌高
才大者　望自大　人所服　非言大
己有能　勿自私　人所能　勿轻訾

也许我们可以让孩子们读一读《弟子规》，从理解"规矩"，以及理解"规矩"之后的"泛爱众"开始他们的人生。

二、儒学经典系统的前身与未来

一个思想系统必然有其承载的"经典",基督教有《圣经》,伊斯兰教有《古兰经》,佛学有"大藏经"中的各种典籍。儒学经典统称为"十三经"。"十三经"的确定是一个逐渐完善的过程。随着中国历史的演进,儒学的经典也有偏重的变化。"守先待后""继往开来",我们也许都可以在这些经典中找到我们理解历史、理解现在、展望未来的智慧。

1. "五经"前传

儒学的基础经典是"六经"——《诗》《书》《礼》《乐》《易》《春秋》。这套经典其实在最初的时候并非儒家所独有,而是诸子共同的文化基础。后来怎么就被儒家"独占"了呢?且听我细细道来。

孔子在《论语》中一再强调自己"好古":

> 子曰:"我非生而知之者,好古,敏以求之者也。"
>
> ——《论语·述而》

> 子曰:"温故而知新,可以为师矣。"
>
> ——《论语·为政》

孔子所好之"古"究竟是什么呢？在《论语》中，孔子给我们提供了答案：

> 子曰："周监于二代。郁郁乎文哉，吾从周。"
>
> ——《论语·八佾》

孔子的文化归属是"周文"，但是"周文"之"郁郁乎"也不是凭空而来的，而是由于"监于二代"。所谓"二代"，指的就是"夏文明"与"商文明"。加上"周文"，就是儒学中常说的"三代"。关于"三代"的文化脉络，孔子在《论语》中也有所论述：

> 子张问："十世可知也？"子曰："殷因于夏礼，所损益，可知也。周因于殷礼，所损益，可知也。其或继周者，虽百世，可知也。"
>
> ——《论语·为政》

周代的礼乐文明"因袭"自殷商的礼乐文明而有所"损益"（增加和减少），殷商的礼乐文明"因袭"自夏代的礼乐文明而有所"损益"。所以，周代的礼乐文明其实是在吸收了前两代优秀文化传统的基础上发展而来的，所以才能"礼乐日备""文物日富"（郁郁乎）。此乃儒学之"通三统"是也。在政治上，我们常以"革命"来言说朝代更迭，殷革夏命，周革殷命。但是在文化上，虽然会随着时事的改变而有所"损益"，但是文明文化发展的主线，却仍需以继承"因袭"为主。所以，孔子说"郁郁乎文哉，吾从周"，其实就是对于他之前的所有文明传统的继承。

《诗》《书》《礼》《乐》《易》《春秋》，在先秦常被称为"六艺"。

湖北荆门郭店楚墓出土竹简《六德》，讲到《诗》《书》《礼》《乐》《易》《春秋》，并未总称为"六经"。章学诚在《文史通义》中说："六艺……乃周官之旧典也。《易》掌太卜，《书》藏外史，《礼》在宗伯，《乐》隶司乐，《诗》领太师，《春秋》存乎国史。"所谓"周官之旧典"，其实就是周天子下属的王官系统所掌握的文化典籍。王官的问题，我们已经在前面讲《史记》的时候提到过。当时的学术专属于王官所有，仕学合一，官师一体，治教不分。政是先王之政，学是先王之学，政学一体，共同承载着先王之道。

但是后来周王室衰微，官学散逸，《论语》中有一条章句从一个侧面记录了这种衰亡：

> 太师挚适齐，亚饭干适楚，三饭缭适蔡，四饭缺适秦，鼓方叔入于河，播鼗武入于汉，少师阳、击磬襄入于海。
>
> ——《论语·微子》

"官学"散逸之后，遂有百家争鸣之"私学"继之而起（后世百"家"争鸣的"家"是与"官学"相对应的"私学"）。虽然百家纷扰，但是他们试图回答的是共同的时代问题——在封建宗法制度解体之后，应该建立什么样的新制度，这种制度应该以哪种理论学说为思想基础？诸子"一致而百虑，同归而殊途"（《史记·太史公自序》），纷纷以自己的思考回应着时代的问题。因此，"六艺之文"虽为诸子共同的文化基础、文化背景，但是除孔子删削六艺，手定六经外，"六艺之文"在诸子眼里不过就是"先王之陈迹"，他们认为以之来回应现实问题，无异于"守株待兔"：

> 宋有人耕田者，田中有株，兔走触株，折颈而死，因释其耒而守株，

冀复得兔。兔不可复得，而身为宋国笑。今欲以先王之政，治当世之民，皆守株之类也。

——《韩非子·五蠹》

诸子的学说不断被统治者拿来在现实中实验，秦采用了法家的学说与治理模式，虽能争胜于六国，却不能守成于二世。汉初任行黄老之治，王室恭俭无为，虽能与民休息，却"不能再掩塞社会各方之活气"与"种种不安定不合理之状态"（钱穆语），也不能适应大的中央集权政体的需求。于是"中央政府觉悟到必须改变其态度，而要一积极勇敢的革新。于是遂有汉武一朝之复古更化，为西汉文治政府立下一规模"（钱穆《国史大纲》）。

2. 汉立"五经博士"

对于有汉一朝，最终选择儒学思想为立国之本的原因，陈壁生老师在《经学、制度与生活》这篇文章中曾有所分说：

> 战国、暴秦、汉初之政治，本缺乏真正的价值理想，无论是商韩的富国强兵，还是黄老的阴柔无为，都是面对一时一地的现状，为了达到一人一国的短期目标，而实行的有利、有效的治国术。这种治国术本身缺乏政治哲学应有的价值理想，缺乏那种对人之所以为人，家之所以为家，国之所以为国的理想探索。

而汉代开国，首开平民政治之格局，无圣王立法，武帝欲重建价值系统，只能求助于"传统"的"六艺之学"，而放眼望去，唯有儒家一直"守先待后"尊奉传统，所以"罢黜百家，表彰六经"就变成了"罢黜百家，独尊儒术"。六艺之文藉由儒学的传承，非但未沦为先王之陈迹，反而经受住了历史的考验与选择，再次成为指导华夏民族政治与生活的大经大典。

> 夫《春秋》，上明三王之道，下辨人事之纪，别嫌疑，明是非，定犹豫，善善恶恶，贤贤贱不肖，存亡国，继绝世，补敝起废，王道之大者也。《易》著天地阴阳四时五行，故长于变；《礼》经纪人伦，故长于行；《书》记先王之事，故长于政；《诗》记山川溪谷禽兽草木牝牡雌雄，故长于风；《乐》乐所以立，故长于和；《春秋》辩是非，故长于治人。是故《礼》以节人，《乐》以发和，《书》以道事，《诗》以达意，《易》以道化，《春秋》以道义。
>
> ——《史记·太史公自序》

故汉武帝正式将"经学"立为"官学"，为《诗》《书》《礼》《易》《春秋》立"五经博士"，传承研习。这五部著述，当时人认为都经过了孔子的"手订"，所以才有资格称为"经"。到了此时，我们才不得不佩服孔子的眼光与格局。

孔子讲自己"十有五而至于学"，讲"行有余力，则以学文"，讲"郁郁乎文哉，吾从周"。为什么孔子如此推崇六经呢？朱子在《四书章句集注》中对此有一个特别精到的定义，他认为"诗书六艺之文"是：

> 圣王之成法，事理之当然。

六经六艺虽然是对先公先王治理智慧的总结，但是这种总结却并不仅仅指向过去的历史，而是在其中揭示出了万世万代不易的那些道理。所以，它们才会对孔子有如此大的吸引力，让孔子以"周文"之继承者作为自己的天命——

> 文王既没，文不在兹乎？天之将丧斯文也，后死者不得与于斯文也；天之未丧斯文也，匡人其如予何。
>
> ——《论语·子罕》

关于汉武帝立"五经博士"的意义，钱穆先生在《国史大纲》中有特别详细的分析：首先"他们（五经博士）虽不参加实际政务，但常得预闻种种政务会议"。其次"为博士设立弟子员"，弟子员"得补吏，高第可以为郎中"，"自此渐渐有文学入仕一正途，代替以前之荫任与訾选，士人政府由此造成"。最后，士人出仕最高可做到"宰相"，"打破（汉初）封侯拜相之惯例，而宰相遂不为一阶级所独占"。"有丞相即非'君主独裁'，即非'专制'。"此乃设立"五经博士"后对政治上渐渐发生的重大影响。"自秦人之'以吏为师，以法为教'，渐渐变为朝廷采取博士们的意见，即是**'政治'渐受'学术'指导**"，"学术指导政治，政治转移社会。当时中国史，实自向一种理想而演进"。

不过，后世很多人都认为，儒学的复兴不过是借助于政权的力量，不像我们所讲的那样光彩。这个时候，我就会追问这样一个问题：政统与道统，到底哪个更有力量呢？是儒学借助于政权的力量复兴，还是汉武帝不得不屈从于文化的力量？表面上看，似乎是儒家抓到了"汉武帝"这个机会，得到了汉武帝的赏识从而复兴。但是我们必须追问的是，为什么在汉武帝去世之后还是儒家呢？为什么汉朝都灭亡了，还是儒家呢？秦皇汉武，唐宗宋祖，俱往矣，唯有儒学万世一系。那政统和道统，到底哪个才更有力量呢？

讲完汉立"五经博士",不知道读者有没有发现从先秦之"六艺"到汉代之"五经"有一个变化呢?从"六艺"到"五经",中间缺失的是《乐》。对于《乐》到底是否实有其书,还是一直不存文字,学界是有争论的。一种说法认为,《乐经》有文字,但是在后世或毁于焚书坑儒之中,或不幸亡佚。另外一种说法就是《乐》本无经,存于实践,只是通过口耳相传,师弟相授来传承。总之,到了汉武帝时期,他正式立为"经学"的只存五种——《诗》《书》《礼》《易》《春秋》。虽然乐经云亡,但是孔子重视乐教是尽人皆知的事情,夫子无故不撤琴瑟。所以,后世常常以《礼记》当中的《乐记》一篇代替《乐经》的功用。

我们如果想了解儒学礼乐教化的整体设计与其背后的逻辑,可以细读《礼记·乐记》一篇,一定会大有收获。程子曰:"《礼记》除《中庸》、《大学》,唯《学记》、《乐记》最近道。"此言是矣!读了《礼记·乐记》,我才真正理解了儒学"为天地立心""为生民立命"的意义,才真正明白儒学敢于"为万世开太平"的原因。

3. 从"五经"到"十三经"

汉武帝所立之五经,《诗》是《诗经》,《书》指《尚书》,《易》为《易经》,《春秋》为《春秋经》。唯有《礼》指的是哪部经典,学界是颇有争议的。不过,大部分的学者认为,这里的"礼"指的应该是《仪礼》这部经典。到了东汉末年,郑玄为"三礼"作注,分别是《仪礼》《周礼》《礼记》。然后《春秋经》常常以三传——《春秋公羊传》《春秋谷梁传》《春秋左氏传》——行世。这样到了唐朝初年就变成了"九经"——《诗经》《尚书》《仪礼》《周礼》《礼记》《易经》《春秋公羊传》《春秋谷梁传》《春秋左氏传》。

到了唐文宗开成年间，为了与大一统的中央集权相适应，政府整理儒学经典成"十二经"——就是在"九经"的基础上加了《孝经》《论语》和《尔雅》三部书。文宗还命人将这十二部经书刻在了石头上，作为国家统一的标准版本，这就是"开成石经"的由来。我最初讲国学的时候，以为这"十二经"石刻早已成为历史上的传说。可是当我第一次参观西安碑林博物馆，看到二百二十七座石刻就那样静静地站在那里的时候，心中的讶异与狂喜真是平生所仅有。当我一面一面地数过去，一本书一本书地找到之后，才敢相信眼前的真实。这些石刻历经千年风雨而基本完好地存留到现在，让我不得不相信中华文脉自有上天护佑。此后，我每次到西安去的时候，都会在碑林盘亘半天的时间，静静地看一看他们，就能心安很多，好像我们知道家里有老人坐镇，才能安心地在外面打拼一样。所以，特别推荐大家去西安的时候看一看这些"老人家"。

到了宋代，孟子的地位大增，所以宋人加刻了《孟子》的石碑，现在也与开成石经收藏在一起。这样加上《孟子》，就最终构成了儒学的"十三经"——《诗经》《尚书》《仪礼》《周礼》《礼记》《易经》《春秋公羊传》《春秋谷梁传》《春秋左氏传》《孝经》《论语》《尔雅》《孟子》。大家如果想对中国古代的典籍有一个初步的了解，我推荐大家阅读朱自清先生的《经典常谈》。

4. 从"五经"到"四书"

宋明时期，古代儒学有了一个巨大的改变，我们习惯上称这一段的儒学为"宋明理学"。与之相应，儒学的经典也从以"五经"为核心变为以"四书"为核心了。

"四书"是哪四书呢？它们分别是——《大学》《论语》《孟子》《中

庸》。对照"十三经",可能有的读者会问,为什么《大学》《中庸》不见于"十三经"呢?是别有经典吗?不是的,《大学》《中庸》其实是《礼记》这本书中的两篇文章。朱熹认为这两篇文章特别重要,所以特意为它们单独做注,与《论语》《孟子》放在一起,题称《四书章句集注》,"四书"之名由此成立。

朱子为什么要把这四本书放在一起呢?我们看,《论语》主要是记录孔子言行的书。《大学》,朱子认为是曾子所作,也有可能是曾子的弟子记录下来的。《中庸》,朱子认为是子思子写的。子思子是谁呢?他就是孔伋,孔子的孙子,但是受学于曾子,是曾子的弟子。再往下就是《孟子》,以记录孟子的言行为主,而孟子是子思子的再传弟子。"四书"的关系整理起来如下:

"四书"——思孟学派

《论语》:孔子、曾子(有子)弟子
⬇
《大学》:曾子(孔子弟子)
⬇
《中庸》:子思子(孔伋)(曾子弟子)
⬇
《孟子》:孟子(再传弟子)(人性本善)

所以这条线下来,就构成了一条传承有序的思想系统,被后世称为"思孟学派"。"思"就是指"子思子","孟"就是指"孟子"。这条系统被宋明儒认为是孔子去世之后,真正能代表孔子思想的儒学体系。

关于"四书"的读法,朱子曾有所指示:"先读《大学》,以立其规模;次读《论语》,以立其根本;次读《孟子》,以观其发越;次读《中庸》,

以求古人微妙处。"朱自清先生也说过类似的话:"有了《大学》来提纲挈领,便能领会《论语》《孟子》里精微的分别去处;融贯了论、孟的旨趣,也便能领会《中庸》里的心法。"

对于儒学经典从"五经"变为"四书"的内在理路,陈壁生老师在《经学、制度与生活》中有过分梳:

> (北宋)政治社会迁变,经书已不能主导当时政教大典与社会生活,与现实相脱离,故治经反成"空言无益"之事。二是经师不在其位,此亦宋世以后道、学、政分途之背景。也就是说,当世表面上仍然尊经,但事实上在现实政治与社会生活中,已经不再遵循五经的指导。当此之时,五经本岌岌可危,何况国门之外,蛮族环峙,人心之内,佛老大行。因此,面对心外之经学无用,心内之佛老泛滥,宋学之重心,转向讨论个体德性。因为只有个体德性,才是切己之论,而非无用空谈;而且只有个体德性的重建,才可能在内排斥佛老,发而重建经学。

对于汉唐儒学与宋明理学的根本差异,陈壁生老师也总结得切中肯綮:

> 汉唐儒认为只有构建好的制度和好的社会,才能使每一个生活于其中的人自然成为好人。那么,宋明儒则认为,只有教育每一个人都成为好人,才能构建好的制度和好的社会。如果说五经之学是"圣人之学",那么,"四书"之学则转化为"学做圣人"之学。

原典儒学重"外王"事功,宋明理学重"内圣"修养,本质上还是大大远离了原典儒学的教义。钱穆先生曾批评宋儒,"他们唯恐'已试不信',失却社会后世的信仰,所以他们对政治的态度,宁可牺牲机缘,绝不肯降低理论"(《国史大纲》)。此后读书人渐渐以"清流"自居,把政治放给他们看不上的人去做,失去了原典儒学强调"修身"之后的"齐家""治国""平天下"的理想,政治上不再是"士大夫与皇权共治天下",反而势成水火,最后弄到中原陆沉,华夏易主的地步。

此外,汉魏六朝的士家大族逐渐退出历史舞台之后,中国遂彻底走向平民社会。儒学本源自王官,以养成"在位"之"君子",构建"纳上下于道德"的治世为主要目的,所以儒学有非常强烈的精英倾向。《论语》中孔子一再强调"君子"与"小人"(民)的差异:

子曰:"君子喻于义,小人喻于利。"

——《论语·里仁》

子曰:"中人以上,可以语上也,中人以下,不可以语上也。"

——《论语·雍也》

孔子从未指望"小人"能成就"君子"之德。但是宋明儒因应佛学"人人皆可成佛"的说法,标举孟子"人人皆可为尧舜"之义,泯灭"君子""小人"之别,虽努力适应社会"平民化"的发展方向,却终究失却了原典儒学各安其位、各得其所的制度安排,最终走向了虚伪与矫饰。内在德性不能真正养成,外在政治又逐渐败坏,中国政治最终逐渐走向不可收拾的地步。

5.《荀子》

我们前面讲过儒学的经典从"五经"变为"四书"的过程,是因应了时代的变化。从 1840 年以来，西风东渐，中国经历了千年未有之大变局，很多有识之士都提出，要为现代中国确立"新四书"以回应中国的现代转型。对于新"四书"究竟应该是哪些经典入选，学者众说纷纭。但是大家却有一个基本一致的认同，那就是"新四书"中应该有《荀子》。

为什么呢？我们都知道孟子讲性善，荀子讲性恶。孟子讲性善，所以认为"仁"应该是儒学之第一义。荀子讲性恶，所以认为"礼"应该是儒学之第一义，注重"礼"与"法"在治国理政上的意义。这与西方现代社会强调以"契约"为立国基础，以"法律"为治国原则，有很多可以沟通的地方。例如《荀子·礼论》里说：

> 礼起于何也？曰：人生而有欲，欲而不得，则不能无求。求而无度量分界，则不能不争；争则乱，乱则穷。

这和霍布斯在《论公民》里强调人性的底色是"一切人对一切人的战争"有某种若合符节的地方。

但是，我们也必须意识到，中西文化毕竟是不同的。儒学对"争则乱，乱则穷"的解决之道是：

> 先王恶其乱也，故制礼义以分之，以养人之欲，给人之求。使欲必不穷于物，物必不屈于欲。两者相持而长，是礼之所起也。故礼者养也。

"礼"有"养"人之功，而"法"多禁止之意。这是儒学之"礼"不同于西方法制思想的主要地方。孔子曾在《论语》中反复申说对治理原则的思考：

子曰:"为政以德,譬如北辰,居其所而众星拱之。"

——《论语·为政》

子曰:"道之以政,齐之以刑,民免而无耻。道之以德,齐之以礼,有耻且格。"

——《论语·为政》

政与刑,虽然能让人苟免于刑罚,但是因为"为恶之心未尝忘也"(朱熹语),故而只能无耻而已。所以,专以政刑为治,也不是达致理想世界的坦途。因此,既强调"礼"也强调"法"的荀子,也许是可以让儒学与现代世界接驳的"关键点"。

我们从夏商周梳理到了现代,中国传统的经典滋养着一代又一代国人的心灵。百年间的困顿,对于一个延续了2000多年的文化传统而言,不是什么特别大的风浪。虽然,我们需要以严谨的态度来面对现代世界对儒学提出的挑战,甚至要站在现代的角度来理解和安排国学的教育,但是我们仍然可以乐观地等待儒学思想全面复兴的那一天,我们要相信文化的力量。

最后,以我非常敬佩的清华大学的陈壁生老师的一段话作为本文的结尾:

中华文明,自汉世尊奉五经,以为政治社会之核心价值,二千余年间,宅国在兹土,立教在斯人,容有一时之神州激荡,一代之宗庙丘墟,而疆土、文明、人种,百世不绝,此实全赖经学大义之相传,以保礼乐文明之不坠。一个成熟的文明体,每当遭逢巨变,必回首其文明的源头,从发源之处再出发,以此文明的价值回应遭遇的挑战,实现真正的"文艺复兴"。

——《经学的瓦解》

结语：理解孔子的快乐与力量

儿童学习国学，当然以研习儒学经典为主。研习儒学经典，我们接触到的最重要的人物就是孔子。体悟孔子一生的选择，见贤思齐，也许是我们可以从国学教育中得到的最大收获。

孔子留给我们的宝贵财富之一就是他的"好学"。他曾经说过：

子曰："十室之邑，必有忠信如丘者焉，不如丘之好学也！"

——《论语·公冶长》

孔子说，即使是一个只有十户人家的小地方，也一定有跟我德行相似的人，但是他们都不如我好学。孔子一生超凡入圣，但是他总结自己一生的起点，却是从"十有五而至于学"开始的。因此，康有为在理解孔子"好学"的意义时说：

良才美质，随地皆有，成就与否，则视学与不学。……夫子自言，质之忠信与常人同，而好学异，所以勉后学者至矣。

孔子之好学，有几个突出的特点。首先，他的好学是从承认自己"所知有限"开始的。他曾经教育自己的弟子:"由,诲汝知之乎!知之为知之,不知为不知,是知(智)也。"(《论语·为政》)强不知以为知是常人的陋习。如果明明不懂却要装懂,别人不但不会再告诉我,自己也不会再去求知,所以"知之为知之,不知为不知"是我们学习进步的首要条件。因此,孔子才会告诉他的弟子,知之为知之,不知为不知,这是一种智慧。孔子从来不认为自己是全知全能的天才或者教主,他说:

> 我非生而知之者,好古敏以求之者也。
>
> ——《论语·述而》

他认识到,同时也教育自己的弟子认识到,"知"永远是有限的,正如人是有限的存在一样,认识到自己的不知,才可能获得智慧。这种对于自己无知的承认和西方大哲学家苏格拉底有共通之处,这也是孔子之所以能够超凡入圣的基础。

但是认识到了人的有限性之后怎么办呢?《庄子·内篇·养生主》说:

> 吾生也有涯,而知也无涯。以有涯随无涯,殆已!已而为知者,殆而已矣!

庄子认为,一个人的生命是有限的,但是知识是无限的,以有限的生命去追寻无限的知识是一种危险的行为。所以道家会讲"绝学""弃智"。但是与庄子不同的是,孔子在认识到了人的有限性之后,仍然"学而不厌、诲人不倦"。为什么呢?《说文》里解释"学,觉悟也。"一个人没有觉悟的时候,对事情的判断都是看不清、道不明的。可是他一旦觉悟了,心里就好像照进了光一样，就能够理解自己生命的意义，可以找到自己生命的方向。

孔子的这种求知的态度，恰恰使得他找到了一种超越人生有限性的方法，那就是要用有限的生命去追寻那些具有永恒价值与意义的事物，所谓"朝闻道，夕死可矣"（《论语·里仁》）。这种追寻大道的努力，恰恰展现了人作为自己命运主宰的自由意志，是可以超越生命有限性的自我把控。这是孔子之所以可以为圣人的第二个原因。

而且，更为重要的是，孔子在追求大道的过程中一直保持着"乐"的生命状态。虽然他一生的境遇，常常"惶惶如丧家之犬"，但是他一直"发愤忘食，乐以忘忧"，"贫而乐道，富而好礼"。《孔子家语》中记载了子路与孔子的一番对话，从中可以窥见夫子快乐的由来：

> 子路问于孔子曰："君子亦有忧乎？"子曰："无也。君子之修行也，其未得之，则乐其意；既得之，又乐其治。是以有终身之乐，无一日之忧。小人则不然，其未得也，患弗得之；既得之，又恐失之，是以有终身之忧，无一日之乐也。"
>
> ——《孔子家语·在厄第二十》

君子如果未能实现理想，则会乐其有此志意；实现了理想，则又以能有助于天下为乐。小人则不然，患得患失，这也就是"君子坦荡荡，小人长戚戚"的根由。宋代理学家程颐曾经告诉弟子，学习《论语》就是学一个"孔颜乐处"，李泽厚先生把儒学这种特质总结为"乐感文化"，都是对孔子精神遗产的恰切总结。这样，我们就得到了孔子之所以能够超凡入圣的三个基本路径：

1. 认识到了人的有限性；
2. 通过"志于道"，超越了这种有限性；
3. 在追求"大道"的过程中找到了"快乐"！

那么，孔子的快乐来自于哪些方面呢？通过研读《论语》，我对此作了一个总结：

1. 知之，闻道则喜；
2. 行之，向善而乐，知行合一；
3. 推行之，导众庶于道，纳上下于道德。

第一个层面"知之，闻道而喜"指的是"学"；第二个层面"行之，向善而乐，知行合一"指的是"习"（实践，而不是"复习"）；第三个层面"推行之，导众庶于道，纳上下于道德"乃是"有朋自远方来"，"远人不服，则修文德以来之"（《论语·季氏》）。儒学之"乐"既有"目标之乐"，"志于道"的"乐"，也有"过程之乐"，"苟日新，日日新，又日新"（《礼记·大学》）。每天进步一点点，缺点少一点点，我们就是一个"日新"之人，这是多么令人喜悦的事情啊！正因为有这样的快乐做支撑，孔子才可以做到"笃信大道"，内心如此饱满而充满力量，这个时候"人不知"才能做到"不愠"。此乃儒学之快乐与力量。孔子为我们揭示的是一种能够超越人的有限性，获得恒久快乐的方法。这种快乐，没有任何不知的痛苦，也不依赖任何外在（彼世或死后）的拯救，而是在此世"天行健，君子以自强不息"。

孔子给我们留下的宝贵的精神财富的第二点，是他的人生选择。要理解孔子的人生选择，我推荐大家认真阅读《论语·微子》这一篇。这一篇文字中记载了很多先圣先贤的事迹与出处。钱穆先生在《论语新解》中说：

> 本篇所记古之仁贤隐逸之士，皆当与孔子对看，乃见孔子可去而去，不苟合，然亦不遁世，所以与本篇诸贤异。

也就是说，阅读这篇文章时，要想一想孔子为什么会做出不同于其他人的选择，在对比中理解孔子选择的深意。《微子篇》中最重要的一条章句大概就是"长沮桀溺耦而耕"原文如下：

> 长沮、桀溺耦而耕。孔子过之，使子路问津焉。长沮曰："夫执舆者为谁？"子路曰："为孔丘。"曰："是鲁孔丘与？"曰："是也。"曰："是知津矣！"问于桀溺。桀溺曰："子为谁？"曰："为仲由。"曰："是鲁孔丘之徒与？"对曰："然。"曰："滔滔者，天下皆是也，而谁以易之？且而与其从辟人之士也，岂若从辟世之士哉？"耰而不辍。子路行以告。夫子怃然曰："鸟兽不可与同群，吾非斯人之徒与而谁与？天下有道，丘不与易也。"

这条章句里出现的"长沮""桀溺"，可以说是志行高洁的隐逸之士。他们对当时政治（社会）环境的判断是——恶行滔滔，天下皆是也，谁也改变不了。所以，他们认为，孔子与其躲避一个又一个的坏人坏事（周游列国以求售于诸侯），还不如躲避整个世事，躲避整个时代，像他们一样隐居起来才是明智的选择。可是，当子路把他们的话告诉孔子的时候，夫子不禁"怃然而叹"。夫子为什么叹息呢？

夫子周游列国，求聘于诸侯，自然是做出了不同的人生选择。夫子给出的理由是："鸟兽不可与同群，吾非斯人之徒与而谁与？"我不是小鸟，我不是野兽，我不可以与它们为群。生而为人，我当与人为群。所以，如果天下有道，那么就不用我出来做事了。恰恰是因为天下无道，百姓处于水深火热之中，有倒悬之忧。我作为"群"中的一员，当然应该站出来，承担我人之为人的责任与义务。康有为身处于晚清乱世，联系自己的人生选择，对这条章句做出了特别精彩的解释：

> 怃然，犹怅然，惜其不谕己救世之意也。既生人身，则与人为群，当安而怀之。坐视其饥溺，则心有不忍。……盖圣人之来斯世，明知乱世昏浊而来救之，非以其福乐而来之也。……特入地狱而救众生，斯所以为大圣大仁欤：恻隐之心，悲悯之怀，周流之苦，不厌不舍。

我们可以想象一下，孔子周游列国的时候已经是56岁高龄的老人了。以现代人的寿数和医疗条件，这个年龄也是要退休了。可是孔子却在如此之高龄，带领着学生们周游列国14载，以求可以获得实践儒家治理原则、救天下于万一的机会。所以，我们经常会用一句话赞颂孔子，"知其不可而为之者也"（《论语·宪问》）。不过，我每次讲到这句评价的时候，都会问学生一个问题：到底是可为，还是不可为呢？如果可为，那么当然应该为之。如果明知不可为，却硬要去为，岂不是不智吗？学习了《微子》这一篇后，我们就会知道，所谓"不可为"是隐逸之士的判断，而所谓"可为"则是孔子的判断。紧接着，我就会再问学生们一个问题，对世事的判断，长沮、桀溺和孔子，到底谁正确呢？每次到这个时候，学生们都犹犹豫豫地不敢回答。

其实，我们都知道答案，孔子周游列国14年，求聘于诸侯，结果却未能有机会实现自己的理想。所以，对当时世事的判断，隐士是正确的。但是，孔子却笨拙地用了14年的时间来证明自己错了，这背后的意义是什么呢？

总结"隐"与"仕"两种不同的人生选择，我们可以发现它们各自的逻辑：

隐：世事不可为，徒为奔走，为孔子惜。

仕：天下无不可为之时，在我亦有不忍绝之情，有不可逃之义。孔子与诸人旨趣不相投，然终拳拳于此诸人，欲与之言，期以广大其心志。

隐者之意：天下无道则须隐。

孔子之意：正因为天下无道故不能隐。盖其心之仁，既不忍于忘天下，**亦不忍于必谓天下之终于无道。**

让我们再读一遍这些话："天下无不可为之时，在我亦有不忍绝之情，有不可逃之义"，"正因为天下无道故不能隐"。所以，孔夫子用了14年去努力，此所谓"恻隐之心，悲悯之怀，周流之苦，不厌不舍"。孔子恰恰用了这种极为执拗且笨拙的方式，彰显了他的仁者之心。此一种绝不轻言放弃的精神，"不忍于必谓天下之终于无道"的仁心与努力，在后世一直激励着一代又一代的读书人"先天下之忧而忧，后天下之乐而乐"，以天下为己任，为民请命，致君尧舜，希望可以为天下带来太平盛世。此乃中国读书人之真精神！

最后，我还会再问学生一个问题：孔子周游列国之后，是否真的放下了他救世济溺的理想?《史记·孔子世家》记载孔子回到鲁国之后,"鲁自大夫以下,皆僭离正道,故孔子不仕,退而修诗书礼乐,弟子弥觽,至自远方,莫不受业焉"。夫子最后几年,一面继续整理六经六艺,希望可以更好地继承先圣先贤的文化传统,一面继续传道授业,寄希望于将来。此生已矣,但是文化可守,未来可期,此所谓"守先待后"是也!这是何等的信心啊!孔子这一等,就等了将近500年的时间。孔子死后,中经战国之尚力逐鹿,秦火之焚灭诗书,汉初之黄老为治,最后直到汉武帝"罢黜百家,独尊儒术",儒家学说才成为此后中国古代社会—政治的核心思想资源。走到今天,历经"五四"以来的各种批评和误解,儒学再次发扬昌盛,显示了文化不灭的力量。

希望各位读者可以从孔子的选择当中获得智慧和力量。第一,学习经典,理解传统,昌明大道。第二,"士不可以不弘毅,任重而道远"。诸君勉焉!

附记：我们今天怎么做家长

为什么在这样一本教孩子学国学的书中，会有这样一个"附记"呢？因为在教孩子们读书的过程中，我发现，其实大部分孩子的问题都没有那么严重，但是家长们暴露出来的问题却很多。很多时候，孩子身上的问题，其实是家长问题的投射。所以如果想把一个孩子教育好，首先应该有好的家长。因此，我今天在这里想谈一谈，在我与家长交往的过程中看到的一些问题，希望可以引起各位家长的重视。

1. 孩子不会是应该的

看到这个小标题，也许家长们会非常诧异，为什么孩子不会是应该的呢？请听我慢慢解释。

记得有一次，我教几个一年级的小朋友学习《诗经》。诗里面有一些生字生词没有标音，于是我就一边读一边让小朋友们把那些生字生词的拼音标注在书上。几个孩子都按照要求做了，唯有一个叫豆豆的男孩儿没有做。于是我就督促了一下：豆豆，你赶快把它标起来呀！豆豆非常不情愿地拿起笔，同时用他的左胳膊把书和他写字的右手挡了起来。成人都知道，这是小孩子"此地无银三百两"的行为。于是我就走过去看看他写得怎么样。果然，孩子的拼音写错了。这个时候，我发现豆豆正在用一双略带惊恐的眼睛看着我，仿佛在等待着一场批评。看到孩子的那个眼神，我特别特别心疼。下课的时候我就去找豆豆的家长谈话，我说你们在家里一定是过度批评孩子了，不然他不会有这样的行为出现。他对自己很不自信，好像很怕出错的样子。

我后来经常和家长说这样一句话：孩子不会是应该的。当然这句话有点绝对。不过，用这句话来纠正那些特别急于求成，要求过高的家长的行为却是有效的。在孩子的幼小阶段，尤其是一、二年级的时候，是他们人生非常重要的一个转折点，因为他们要学会从比较散漫的幼儿园的玩耍状态，进入规规矩矩的上课状态，从以玩为主进入以学为主的状态。而且所有这些新的知识的学习，也不是孩子一下子就能够适应的。所以，当看到孩子没能一下子调整过来，成绩不理想的时候，家长就会非常的焦虑和着急。教了一遍不会，再教一遍还不会，很多家长就会控制不了自己的脾气，对孩子吼起来。这个时候，孩子不会，自身本来就很焦虑，家长如果再以这种态度对他，就会给孩子造成心理创伤。

我们做家长的，在孩子学习的过程中，要给孩子树立的正确的学习观念是：我是因为不会才来学习的。所有我不会的知识，通过我的努力就可以学会。所以，我才会说，孩子不会是应该的。如果他什么都会，就不用学了。如果他什么都是一教就会，那是天才型的孩子。我们自己都不是天才，凭什么要求自己的孩子是天才呢？我们应该给孩子建立起"努力就能学会"的心理预设，而不是"我真笨，我学什么都比别人慢，我什么都学不会"的心理预设。况且，一、二年级的学习成绩又能说明什么问题呢？往大了说，高考考得好，就能过上幸福的一生吗？

所以，我们在孩子学习的过程中，要给他们建立起来的是有关学习的"信心"，而不是打击他们的"信心"。"学习"是一种终身的行为，只有对自己的学习能力"自信"，孩子们才能在未来适应这个飞速变化的时代。所以，当孩子学什么东西没有一次就会的时候，家长必须耐下心来帮助他们解决这个问题，而不是通过打骂来发泄自己的情绪。指责孩子，只会让他们丧失对学习的信心，与家长的目的南辕北辙。

王阳明曾经批评他那个时代的蒙学，他的一些说法直到今天仍然还有意义：

> 若近世之训蒙稚者，日惟督以句读课仿，责其检束，而不知导之以礼，求其聪明，而不知养之以善，鞭挞、绳缚，若待拘囚。彼视学舍如囹狱而不肯入，视师长如寇仇而不欲见……是盖驱之于恶，而求其为善也，何可得乎？大抵童子之情，乐嬉游而惮拘检，如草木之始萌芽，舒畅之则条达，摧挠之则衰痿。**今教童子，必使其趋向鼓舞，中心喜悦，则其进自不能已。**譬之时雨春风，沾被卉木，莫不萌动发越，自然日长月化。若冰霜剥落，则生意萧索，日就枯槁矣。

2. 以身作则

在社会上做教育讲座的时候，提问环节总是会有一些家长问我一个问题：如何让孩子爱上学习？有的时候，对这样的问题，我都不知道该如何回答。如果家长自己平时总是抱着手机不放，一本书都不看，孩子写作业的时候，家长在旁边看电视，或者家里根本没有几本正经的藏书，在这样的家庭里长大的孩子，想让他们爱上学习其实是有点困难的。

我们经常说大多数孩子是家长的翻版，孩子的问题往往就是家长的问题。家长心里面到底觉得学习重要还是不重要，孩子从家长的行为当中就可以做出判断。如果家长嘴上说学习重要，自己却从不学习，只会加强孩子对家长的不信任与叛逆。如果家长真的认为学习非常重要，为什么他自己不学习呢？

可能很多家长会为自己辩解，我是因为年龄大了，错过了学习的机会。但是孩子是不会考虑年龄的问题的，他们也无法体会家长在工作中有多辛苦，然后回家需要放松一下。孩子往往会要求公平，你在玩，凭什么要求我学习呢，我也在学校上了一天课啊？而且，就我的观察而言，我身边那些真正的有学识有修养的人，他们无论年龄多大，都仍然具有旺盛的求知欲，手不释卷。在这样的家庭成长起来的孩子，想不热爱学习都几乎是不可能的。家长在看书，孩子自然也会跟着看，这才是最水到渠成的教育。

我在蒙学阶段讲过"和孩子一起热爱和成长"的问题。虽然听起来似乎是对家长提出了更高的要求，但是，放下手机，关上电视，拿起一本书读一下，和孩子一起学习，真的是非常令人愉快的事情。孩子一晃就大了，以后我们再想和他们一起读书、讲故事，恐怕就没机会了。所以，趁他们还小的时候，和他们一起读书，陪他们一起成长，不也是给自己的人生不留遗憾的选择吗？

3. 学会和孩子示弱：我也是第一次做妈妈

我们在教育孩子的过程中，常常会控制不住自己的脾气，和孩子发火，我也一样，对自己的孩子往往缺乏耐心。但是每次发完火之后，冷静下来，我都会主动地去和孩子认错："抱歉啊，宝贝，妈妈刚才又没控制住自己的脾气，刚才看到你又在玩，心里有点着急。妈妈有的时候很心疼你，想让你多玩儿一会儿，但是如果任由你玩下去，该学习的知识就会落下，所以妈妈心里就会很着急。我有的时候想成为一个宠溺你的妈妈，有的时候又觉得需要成为一个严格要求的妈妈。因为妈妈也是第一次做母亲，所以真的不知道这个度应该怎样把握。我们一起来努力尝试掌握好这个'玩'和'学'的度好不好？"每当这个时候，孩子就会原谅我，我们就会恢复非常和谐的母女关系，然后把刚才需要学习的东西再学一遍，往往效果就会好很多。

在孩子成长的过程中，家长要学会示弱。因为，孩子们都有天生的保护欲。当家长示弱的时候，就会激起孩子们承担责任的欲望。他们就会努力做好自己的事情，更加地成熟。孩子们终究有一天会长大，他们终究有一天要为自己负责任，而这个能力不是一下就能培养出来的，而是要在他们小的时候，就给他们机会来锻炼这些能力。记得有一次，我突然收到了一个快递，是一套新的扫把。原来是宝贝看到家里的扫把坏了，就自己主动在京东上买了一套新的回来。这个时候我就会特别感动，觉得有人在和我分担家庭的责任。

家长不是万能的，有的时候，家长展现一下自己的弱点，孩子可能反而会松一口气。就像我们成人的世界一样，如果身边一直有一个伟光正的人，其实对我们是一种威压。学会示弱，给孩子留下成长的空间，既解放了家长，又锻炼了孩子，何乐而不为呢？

4. 培养孩子自我负责的能力

我一直工作特别忙，也不是那种母鸡式的妈妈。我反对为了孩子做出过分的牺牲，我常说的一句话是"我也是一条命"。当我不把自己的生活、理想捆绑在孩子身上的时候，其实孩子是轻松的。我总是跟孩子说，学习是你自己的事情，老师在上课的时候都讲清楚了，所以下课的作业、复习，你都应该自己独立完成。甚至包括孩子小的时候学习钢琴，我也是从来不陪练的。虽然经常被老师批评，但是我仍然坚持我的教育原则——学习，是孩子自己的事情，他们要从小学会为自己的行为负责任。所以我从来不督促自己的孩子写作业，其实一两次作业没完成，并没有什么太大的问题。第二天让老师批评他一次，让他自己产生羞愧的心理，从而在下一次写作业的时候，自我负责，把作业写完写好，这不才是我们真正想要的教育效果吗？虽然这样的教育在一开始的时候，效果不明显，甚至是不好。因为在一、二年级的时候，家长督促得多，孩子的成绩就会好，这是必然的道理。家长管得少，孩子学习的理性还没有完全建立，那么这个时候孩子的成绩就会不那么出色。但是我们对于孩子的教育要目光长远一点，我们要理解到自己真正想把孩子培养成什么样子，那么我们现在就要坚定不移地执行这样的一个培养方针，而不是天天焦虑于眼前的成绩。如果我们事事为孩子操心，催着他们做作业，催着他读书、复习……什么时候才能够从"催"变成"不催"呢？如果孩子一旦习惯了被催促，那么他们就会逐渐失去自我负责的能力，就会一直被动地等待着家长对他们负责。一旦家长放手，孩子的成绩就会直线掉下去，这个时候家长又会坐不住了，又会重新拾起对孩子的督促。如果这种情况持续下去，随着孩子年龄的增长，家长会越来越辛苦，同时孩子也并没有获得真正的成长。考上了大学，孩子缺乏自我管理的能力，家长必须陪读的事情很多很多。所以，我从一开始就放下了自己的虚荣心，哪怕孩子在低年级的时候成绩没有那么理想，我也是按照自己的教育理念，比较"放手"，比较"佛系"地管理着对孩子的教育。

那么这样的一种教育，效果如何呢？我可以给大家讲一下我自己孩子的故事。先说钢琴的学习。因为有一段时间，正好是钢琴学习的瓶颈，我的孩子不好好练琴，作为惩罚，我就给她停了一年的钢琴学习（是的，您没看错，不是惩罚她去练琴，而是惩罚她没琴弹，没老师教）。然后在她的百般保证之下，才又把老师请回来。后来钢琴老师和她说，钢琴的学习要在12岁之前打下基础，上一些难度，所以需要一段时间的集训。于是在五年级的暑假，有两次连续10天的时间，钢琴老师每天来3个小时，老师离开后，她自己再练3个小时。到现在，都是她自己和老师约上课的时间，给老师回课。而且钢琴老师认为她是自己的学生中唯二的真正自发地喜欢钢琴，自发地练习钢琴的孩子。所以在六年级的时候，钢琴老师还让她在一个钢琴学习群里做了一次经验分享。

再说说学习方面。也是五年级的时候，有一天她突然跟我说："妈妈，您能给我买一本书吗？"我说："什么书呀？"她说："《时间管理》"。我当时非常惊讶，这不是成年人才读的书吗？我就问她为什么要读这本书。她说觉得自己在时间管理上可能有些问题，所以想看一看这本书，改进一下自己学习的方法。于是我非常愉快地答应了她的要求。一段时间之后，我发现她已经开始按照书里教的方法，把自己的课余时间分成了若干份，然后把自己需要学习的科目进行了一个时间的分配。而且过了一个月后，孩子开心地跟我分享："妈妈，妈妈，他回信了。"我问谁呀？她说是《时间管理》的作者。原来她自己给那个作者写了一封英文的电子邮件，分享了自己的读书心得，并且询问这本书的续集什么时候出版。没想到，那位老爷爷竟然给她回了信，并且客气地夸赞她的英文不错。这让她非常开心，也让我非常骄傲。

这件事情说明，到了五年级的时候，她已经开始具备初步的自我管理、自我反思的能力了。她能够知道自己的问题在哪里，要通过什么方法来解决，并且也有能力解决。虽然她现在的成绩还是不太稳定，但是我对她很有信心。这样的孩子在未来不管遇到什么挫折，应该都会坚定而乐观地去处理。

从小让孩子学会为自己负责，其实是对孩子作为一个"人"的尊重，是一种"成人"教育。而能够为自己负责，也会让他们建立起无比强大的自信。还是那句话，人生很长，孩子最终需要自己去面对。而这种为自己负责的能力、勇气与力量，需要从小培养。

5. 我们不要做焦虑的家长

我有的时候觉得，家长在孩子教育的过程中出现的各种问题，追根究底，其实都是源于他们对自己的不自信。他们不自信于自己的教育，不相信自己可以培养出一个好孩子，一个能够适应这个社会，能够在这个社会上安身立命的孩子。这似乎是现在中国中产阶层家长的普遍问题。

比如，我所在的北京市海淀区，就是全国有名的家长焦虑指数很高的地区之一。有人开玩笑说，海淀区的主要矛盾就是一堆"学霸"家长和一堆"学渣"孩子之间的矛盾。这里的家长（包括我自己）大多是通过努力学习，获得了对自己原始家庭社会阶层的跃升。但是，我们的知识并没能够真正地"变现"，只是能够维持住自己目前的生存条件而已。我们其实并没有什么多余的物质财富可以让孩子继承。唯一能够给孩子提供的条件，就是我们的知识。但是，即便我们读过1万本书，我们的孩子仍然需要一页一页地阅读。不像那些富豪家长，一秒钟转账，就可以让自己的孩子继承他们的财富与地位。所以，我们会特别看重孩子的教育，这是我们的"路径依赖"。我们总是焦虑地想到，如果我们的孩子没能继承我们在学习上的优势，他们长大了，也许就不能维系他们父母的生活阶层和条件。因此，目前中国的中产大概是最焦虑的人群。

所以，有的时候家长来问我，如何才能不焦虑，我实在也没有什么太好的答案。不过，我自己其实是不怎么焦虑的家长。除了对自己的教育比较自信外，我想大概是因为我一直认为"成功不只一条路"而已。

我有的时候不太明白家长焦虑的"点"在哪里。担心孩子的学习成绩吗？担心他们考不上好大学，进而影响未来的工作吗？可是，在目前的社会中，一个孩子只要知道努力、不懒惰、不拖拉、做事情能够持之以恒，基本上就可以找到一份养活自己的工作。这有什么需要焦虑的地方吗？还是说，家长觉得一定得是一份好工作才可以？其实，对"好"的定义，未来只能由孩子自己来决定。我们只需要养成他"知道努力、不懒惰、不拖拉、做事情持之以恒,能够为自己负责"的性格就可以了。

　　而且,一个孩子的学习成绩如何,其实有很多先天的成分在起作用。我举一个自己的例子,我有一个亲生的妹妹,我们是同一个父母,受教育的环境也基本类似。但是,我的学习成绩就比我妹妹好很多。记得那年我高考结束后,妈妈让我帮助妹妹补习数学。在讲一道题的时候,妹妹问我:"姐,你是如何从这一步想到下一步的呢?"我说:"我不知道啊,就是自然地就想到下一步了呀。"她说:"我怎么就想不到呢?"你看,这就是人与人之间的差别。但是,这并不能说明我妹妹就不如我聪明,更不能说明她的人生就一定不如我幸福。其实在很多地方,比如下象棋、玩军旗、打扑克等游戏中,我都玩不过妹妹,所以这说明她并不比我笨,只不过她的聪明并没有往学习这条路上走罢了。因此,我从来就知道,学习成绩的好坏,固然和努力有一定的关系,但是我们也必须承认,有一些东西是先天的,是难以改变的。所以,我们要养成的是孩子学习的能力与素养——他们有没有努力,有没有做事情持之以恒,至于最终成绩如何,家长其实可以看开一点。就像我妹妹,虽然她的大学不是很理想,但是她后来靠自己申请到去法国留学,没有通过留学中介,展现出了强大的工作能力。

　　过去,我们认为天天在淘宝上买东西的人,特别不靠谱。但是后来,他们渐渐买出经验,于是就开了公众号,和大家分享各种好物,慢慢就可以自己接广告,有收入了。我的一个师弟,原来天天在朋友圈分享他到世界各地旅游的图片。结果没过几年,他就从事了私人旅游定制的工作。我周围的很多朋友,有从北大、清华毕业的,也有从普通大学毕业的,但是他们都在各自的工作岗位上表现出色,生活幸福。所以,虽然我也希望孩子的学习成绩越来越好,但是很多时候,世事不可强求,当我们放下对孩子成绩的执念,当我们真正在意孩子的幸福,而不是我们自己的面子与虚荣的时候,就会突然有一种海阔天空的感觉。这个世界上本没有什么是"非怎么样不可"的事情。当我们能够打开自我，以一个更为平和的心态去面对孩子的时候，我们才会更看重一个孩子的全面发展，才会看到孩子的优点，而不是只把眼光集中到孩子的学习成绩上去。人生的天地其实是非常宽广的，我们自己，以及我们的孩子，都不应该被限制在非常狭窄的事情当中。

6. 再读一遍《渔夫和金鱼》的故事

最后，我推荐各位家长再去读一读《渔夫和金鱼》这个童话。我们小的时候都会知道，渔夫的妻子太贪婪，弄到最后一无所得。可是，有的时候我会觉得，我们做家长的对孩子的索取和要求常常与此类似。怀孕的时候，我们唯一的想法，就是要一个健康的宝宝。只要他健健康康的，我们就心满意足了。生出来一看，果然是个健康的宝宝，然后我们又觉得，他要是乖巧懂事听话就更好了。再大一点，我们希望他能够不让家长费劲就能学习成绩优异，考上好大学。再长大，我们希望他能够有好的工作，能够家庭美满幸福……总之，我们对孩子的要求与期许一直是层层加码的。可是我们所有的这些想法和要求，都必须落实到孩子的身上才能实现。我们从来没有考虑过，这些要求到底是不是孩子能够达到，是不是他真正想要的呢，是不是真正能给他带来幸福的事情呢？

很多家长常常跟孩子说这样的话，"你现在的条件这样好，比我小时候好多了，凭什么学习不好呢（凭什么不如我好呢）？"我总觉得这样说话的家长情商堪忧。首先，这样好的家庭条件不是孩子求来的，他只是被动地降生到这样的一个家庭当中。而且家庭条件好和学习成绩好之间有什么必然的联系吗？况且，很多时候我都觉得，我的孩子选我做妈妈还挺"倒霉"的。妈妈是北大毕业的，她要多努力学习才能够超过妈妈的成绩呢？可是我们小的时候，父母文化程度大多一般。我们只要稍稍努力，就可以超越父母的成就。所以在我们成长的过程中没有什么压力，很轻松。我们甚至没有上过什么补习班，就走到了今天。但是到了今天，我们的孩子没有周末，家长的学历像大山一样压得他们喘不过气来。所以，我常常告诫自己不要做《渔夫与金鱼》中的"老太婆"，要能看到孩子的努力，并对她的进步加以鼓励，要更多地发现她的优点。也许只有这样，我们才能养育出一个身心健康的孩子，一个自信的、有幸福能力的孩子。我其实一直知道在现在做一个负责任的家长有多辛苦，但是为了我们的孩子，我们还应该让自己的身心更放松一点，这应该是我们今后努力的方向。

后记

2016年的时候，我的孩子四年级。有一天她放学后很苦恼地和我说："妈妈，我和我的同学没有话说。"因为她从小和我一起读书，思维比较早熟，同龄的孩子还在读绘本，她已经可以阅读大部头的小说。于是我说："那妈妈给你找几个小朋友一起读书吧。"后来我就带着她和两个朋友的孩子一起读《论语》。这是我致力于儿童国学教育的开始。和许多最后投身于儿童教育的妈妈一样，我们都是从解决自己孩子的教育需求开始的。读了一段时间后，朋友又陆续推荐了几个孩子过来。上了一个学期后，小组中一个六年级孩子的家长特别感慨地和我说："李老师，其实XX很小的时候就已经认识很多字了。但是由于我们的专业所限，并不知道如何引导孩子读书。现在到了六年级才跟您认识，真是浪费了很多时间。"与此同时，我突然意识到，有几个孩子已经六年级了，他们能在课外跟着我读书的时间不多了，可是算一算，需要阅读的典籍还有那么多，于是我就加快了《论语》讲授的进度。但这却不是我喜欢的那种从容读书的节奏。那个时候我就想，如果能够从孩子一年级开始带着他们读书，是不是就可以相对从容地和他们一起学习经典了呢。

后来，一些朋友在旁听了我的课程之后总是问我，线下的读书课毕竟只能照顾到有限的几个孩子，这样的教育如何能够普惠到更多的孩子呢。作为一个教育工作者，这个问题对我很有冲击力。所以我想，如果能够研发出一套配合学校语文教育的国学读本出来,是不是就可以帮助更多的孩子和家长呢?而这样一套教学读本的研发,需要每一课我都亲自教过,才能保证教学的质量与效果。比如,这一整套的国学教育读本,到底应该选择阅读什么书,怎么排序,先读什么,再读什么,这些读本是不是太难了,还是太容易了,孩子能不能接受,每本经典怎么教,教学时间怎么分配,教学进度怎么安排,每堂课的结构是什么,教学环节中如何吸引孩子的注意力,培养他们的好奇心等问题,都需要经过我亲身的实践。于是,一年之后,我终于下定决心开始带一个都是一年级小朋友的小班,一点一点地重新备课,向着我理想的目标迈进。

在这几年的教学实践中,我作为一个大学老师,暂时放下原来的研究方向,将主要精力放在儿童国学教育的探索上,周围还是有许多反对的声音的。好在我的学生以及学生家长,给了我很多鼓励,让我能够开心地投入到这项工作中。而且,看到那么多的孩子在语文的学习,阅读的能力以及写作的能力上出现问题,实在是非常痛心。我的本硕博都是在北大中文系读的,算是受过较为正规的学术训练;而我自己是一个母亲,亲身养育过孩子,了解孩子成长过程中各个阶段的教育需求;同时我还是一个老师,在一个工科为主的高校里,作为文科老师两次被评为"十佳教师",一次"最具亲和力教师",有较好的教学经验,所以渐渐生出一种"舍我其谁"的使命感。

随着教学工作的展开,我会将一些零零星星的教学经验与思考发表在我的公众号"闻韶学堂"中。虽然一直想将这些想法结集出版,但我本是一个疏懒的人,一直拖拖拉拉地没有完成。直到韩旭女士对这些文章青眼有加,才督促我将这些想法整理出来,以期对这个社会有一点点助益。所以,我需要特别感谢这几年来给我加油的孩子们、家长们、读者们,以及韩旭女士和团结出版社的助力,才能有这本小书的出版。

我一直是一个相对笨拙的人，所以这本书也写得非常笨拙。国学的经典很多，可是我在书中涉及的经典却非常有限。这主要是因为我只敢把那些自己曾亲身讲授过的内容和心得写出来，对于自己还没有教授过的书目一点都不敢碰。《论语》里面曾子说："吾日三省吾身，为人谋而不忠乎，与朋友交而不信乎，传不习乎？"对于"传不习乎"的理解，郭翼雪在《履斋笔记》里有一个特别的讲法：

> 曾子三省，皆指施于人者言，传亦我传乎人。传而不习，则是以未尝躬试之事而误后学，其害尤甚于不忠不信也。

就是说，"传不习乎"强调的是，我们教授给别人的东西一定要经过自己亲身的实践，实有所得才能传授给别人。我是非常认同这个讲法的。我自己亲身讲授过的，亲身实践过的内容，才会放心地写在书里。因此，本书所涉及的国学经典并不全面，这一点是需要读者原谅的地方。

总结我这几年的教学经验，一个总体的原则就是带着孩子们一本一本地"阅读经典"。孩子的读书能力与自信只能通过这种有效的阅读才能够获得。在授课的过程中，我的教学方法是打破知识的壁垒，浑融地学习知识，教学目的是以培养孩子学习的兴趣与好奇心为主。在育儿的过程中，我的原则是努力理解孩子，尊重孩子。在给孩子划定了大的行为准则的界限之后，细部的处理更多交给孩子自己来完成，充分信任，允许犯错，耐心地等待他们成长为一个可以为自己负责，有获取幸福的能力，对知识有好奇心，对他人有关爱的人。

我爱孩子，每一个孩子在我眼里都像天使一样可爱。他们纯真、善良，虽然时而调皮，但是总能给我带来惊喜。语文的学习，国学的阅读，本不是什么高难度的事情。只要方法得当，每个孩子都可以爱上阅读，都有能力写好作文。而那些隽永的文字，有生命力的文字，有智慧的思考也会滋养孩子们的生命。希望这本小书，能给读者带来一些真切的帮助。也用这本小书给我之前的工作做一个总结，是为记。

李静

2021 年 3 月